Tania Schlie
Wo Frauen ihre Bücher schreiben

Wo Frauen ihre Bücher schreiben

Tania Schlie

ihre Bücher

Mit einem Vorwort von
Elke Heidenreich

THIELE VERLAG

INHALT

ELKE HEIDENREICH

Vom Glück des eigenen Schreibtisches

VORWORT

Eigentlich ist die Frage ja nicht nur, wo, sondern wie Frauen ihre Bücher schreiben. Früher war das eine Sache von Tinte und Papier. Dazu braucht man einen festen Tisch für's Tintenfass, eine Unterlage für das Papier, so was ließ sich in Postkutschen und auf Reisen nicht gut machen. Wahrscheinlich schrieben Frauen in der Küche, waren sie begütert, im Salon, sonst in ihrem Schlafzimmer – auf dem Bett, wie die kranke Colette? Oder stand da ein Schreibtisch? Dann kam die Schreibmaschine auf, auch sie verlangt nach einer festen Unterlage. Notizen kann man sich überall machen, unterwegs, auf dem Schoß, im Gasthaus, im Bett. Die Schreibmaschine braucht den Arbeitsplatz. Der Computer hat alles ganz und gar leicht gemacht. Wir können ihn überall benutzen, fast jeder hat heute ein Laptop dabei, schickt unentwegt Botschaften in die Welt hinaus – aber das stille, konzentrierte Schreiben, wo findet das statt? Brauchen Frauen, vielleicht anders als Männer, eine bestimmte Atmosphäre zum Schreiben?

Von Virginia Woolf wissen wir, dass sie ein großes schönes Arbeitszimmer mit Blick über Garten und Felder hatte, aber ihre Haushälterin in Monk's House, Louie Mayer, erzählt: »Wenn wir die Frühstückstabletts in Mrs. Woolfs Zimmer trugen, bemerkte ich jedes Mal, dass sie nachts gearbeitet hatte. Papier und Bleistifte lagen neben ihrem Bett, so dass sie, wenn sie aufwachte, arbeiten konnte, und manchmal schien es, als hätte sie sehr wenig Schlaf gehabt. Diese Papiere, auf denen mitunter immer und immer wieder der gleiche Satz geschrieben stand, lagen in Stößen im Zimmer umher. Sie lagen auf Stühlen, auf Tischen und manchmal sogar auf dem Boden. Es war eine von Mrs. Woolfs Angewohnheiten, während sie arbeitete, das Geschriebene in kleinen Stößen um sich herumliegen zu lassen. Ich fand sie auch überall sonst im Haus: im Wohnzimmer, im Esszimmer, auf Tischen und Kaminsimsen.«[*]

Und das, wie gesagt, trotz eines großen Arbeitszimmers.

Ich kenne einen Mann, der auch ein großes, schönes Arbeitszimmer hat und doch am liebsten in lärmigen Kneipen schreibt. Da sitzt er, allein, wird von niemandem gestört, und doch rauscht um ihn herum das volle laute Leben und in sein Glas rauscht Bier um Bier und er driftet weg in seine Geschich-

---

[*]Zitiert nach »Ein Zimmer für sich allein« von Virginia Woolf, Frankfurt am Main 1981.

ten – auch eine Art von Atmosphäre. Vielleicht ist es bei Frauen der Blumenstrauß auf dem Tisch? Sind es Bilder, ist es die Beleuchtung?

Ich weiß es nicht.

Ich kann es ja ganz genau auch letztlich nur über mich selbst wissen. Als ich ein Kind war, in der Zeit nach dem Krieg, wohnten wir sehr beengt in zweieinhalb Zimmern. Geheizt wurde nur die Küche, da spielte sich alles ab: kochen, essen, reden, Radio hören, wir wuschen uns auch dort, denn nur in der Küche gab es fließendes Wasser. Ich sehe meine Mutter am Herd, sie backt Pfannkuchen, im Radio läuft das Wunschkonzert, und meine Mutter singt Germonts Arie aus Verdis *La Traviata* mit:

Hat dein heimatliches Land
Keinen Reiz für deinen Sinn?
Wer zerriß das zarte Band,
das dich hielt zur Heimat hin?

Mein Vater liegt auf dem Küchensofa, auf dem ich schlief, (später, nachdem er uns verlassen hatte, schlief meine Mutter da und ich bekam die Ausziehcouch im Wohnzimmer), er liegt also auf dem Sofa, raucht ägyptische Zigaretten, trinkt ein Bier, das ich in der Gaststätte gegenüber geholt habe, und ich sitze am Tisch, rieche ägyptische Zigaretten, Bier, Pfannkuchen, höre Verdi und schreibe mit Bleistift in ein Schulheft meine Geschichte von Lenchen, dem Mädchen mit den vielen Geschwistern, die Lenchen allein großzieht, weil die Eltern tot sind. Lenchen macht alles richtig, hat alles im Griff, Lenchen backt Pfannkuchen und raucht ägyptische Zigaretten und sagt zu ihren Geschwistern: »Macht nicht so viel Unfug, macht lieber eure Hausaufgaben!« Und meine Mutter dreht sich vom Herd weg zu mir um und sagt: »Machst du auch deine Hausaufgaben oder wieder Unfug?«

Ich machte Unfug. Ich schrieb Kindergeschichten. Ich war neun Jahre alt und ich war Lenchen, ich heiße nämlich Elke Helene.

Dieser Küchentisch war mein erster Schreibtisch. Es folgten so viele Tische wie Umzüge und Wohnungen – und ich erinnere mich an das Glück, den ersten eigenen Schreibtisch zu haben – wieder ein alter Küchentisch mit Schublade. Ein eigener Schreibtisch, als Studentin, war wichtiger als das eigene Bett – da schlief immer irgendeine Freundin oder eine Liebe mit drin, aber mein Schreibtisch gehörte nur mir allein, und bis heute kann ich nichts weniger ertragen, als wenn sich jemand einfach an meinen Schreibtisch setzt. Jeder darf in meine Küche, an den Herd, die Küchenregale sind sowieso offen, ich lasse Leute gern bei mir übernachten, ich verleihe Klamotten aus den Kleiderschränken, es gibt keine Geheimnisse oder verteidigten Besitz – aber an meinen Schreibtisch geht mir gefälligst keiner dran!

Besser gesagt: an meine Schreibtische – ich habe nämlich drei. An dem schönsten, einem kleinen Jugendstilsekretär, erledige ich nur alle private Post, von Hand, mit Tinte, da steht kein Computer, da stand nie eine Schreibmaschine, da liegen Papier, Füller, Tintenfass, da leuchtet meine schönste Lampe, da ist Kleinkram, den ich liebe und sehen muss, damit mir warm genug ums Herz wird, um schöne lange Briefe mit der Hand zu schreiben, Hunderte, Tausende, Zehntausende in all den Jahren. Hier höre ich auch Musik, hier sind immer Blumen, ist fast immer ein Glas Wein.

In meinem Arbeitszimmer gibt es zwei große, flache Tische. An dem

einen arbeite ich, der andere trägt Bücherberge, Zettel, Notizen, Pläne, Unfertiges, da stapele ich Kritiken aus Zeitungen, Artikel und Bücher, die ich lesen will oder muss, alles mit Glaskugeln beschwert. Einmal brannte es, weil sich die Sonne in einer der Glaskugeln so gebrochen hat, dass Feuer entstand. Jetzt steht der Tisch am Nordfenster.

Mein Arbeitsschreibtisch ist voller Geräte – Drucker, PC, zwei Telefone, Ablagekästen, Faxgerät, alles mahnt zu Arbeit und Pflicht. Und alles, was ich schreibe, entsteht hier. Aber zuerst, und das war immer so und wird immer so bleiben, zuerst ist da nur ein einfaches Notizbuch, immer in der Tasche, immer mit Bleistift (Kugelschreiber gibt es bei mir nur für Formulare, ich schreibe nie damit), immer Bleistift, zaghafte erste Notizen, egal wo, im Zug, im Wartezimmer, im Bett, nachts, schlaflos, in der Küche ... Alles wird notiert, Ideen, Gedanken, einzelne Wörter, dann Sätze, manchmal – hui – eine ganze Geschichte.

Das Ausarbeiten kommt am »ernsten« Schreibtisch. Und danach schreibe ich am »schönen« Schreibtisch mit Tinte: »Liebe Leonie, ich glaube, heute ist mir eine Geschichte gelungen ...«

Was für ein Glück!

Wo andere Frauen schreiben und schrieben, kann ich nur ahnen. In diesem Buch erfahren wir viel darüber: Oft unter jämmerlichen Umständen, gewiss nicht so privilegiert wie ich mit gleich drei Schreibtischen. Aber letztlich schreiben wir alle an demselben Ort: in unserem Kopf. Und erst, wenn da etwas entstanden ist, setzen wir uns an den Küchentisch, den Schreibtisch, auf's Bett, irgendwohin, wo wir Notizen machen können. Notizen, die in unserm Kopf, unserer Seele, unserm Herzen Gestalt angenommen haben und ans Licht wollen. Nicht immer wird eine Geschichte daraus.

Aber die Angelegenheit, wann, wo und wie doch, die ist es wert, untersucht zu werden – was dieses schöne Buch tut.

TANIA SCHLIE

Auf dem Diwanfloß und am Küchentisch

EINFÜHRUNG

*»Was sind Ihrer Meinung nach die besten
Bedingungen für eine Schriftstellerin?«* —
*»Oh, das kann ich Ihnen nicht sagen. Es ist eine so
persönliche Sache. Jede benötigt etwas Anderes.«*

— KATHERINE ANNE PORTER

Wir sehen eine Frau, eine Schriftstellerin, an ihrem Schreibtisch über ihre Arbeit gebeugt. In einem unbeobachteten Moment, als sie ganz auf ihr Schreiben konzentriert war, ist sie fotografiert worden. Manchmal sieht sie uns auch an, blickt auf von den Papieren, von der Schreibmaschine oder dem Computer. Aber weil das Schreiben eine so intime Beschäftigung ist, die selten Ablenkung verträgt, lassen sich einige Schriftstellerinnen nicht bei der Arbeit porträtieren. Deshalb müssen wir uns mit leeren Räumen begnügen. Niemand sitzt am Schreibtisch, der Füllfederhalter ist unbenutzt, das Papier ist zwar in die Schreibmaschine eingespannt, aber es sitzt niemand davor.

In allen Fällen, belebt oder unbelebt, geben uns diese Momentaufnahmen dennoch einen Eindruck von der jeweiligen Schreiberin. An den Dingen, mit denen sie sich umgibt, an der Atmosphäre eines Schreibtisches oder eines Arbeitszimmers können wir ablesen, in was für Arbeits- und Lebenswelten sich die Schriftstellerin bewegt.

Virginia Woolf mochte die Pilgerei der Literaturtouristen nicht. Das Haus einer Schriftstellerin zu besuchen war für sie nur legitim, wenn der Be-

Clarice Lispector.

such die Einsicht in ihr Werk erweiterte. Genau das ist das Ansinnen dieses Buches: ausgehend von den Wohn- und Arbeitsräumen einer Dichterin ihre Bücher und die Lebenswelten nachzuzeichnen. Denn Orte, Landschaften, Räume, Schreibtische – alle diese Dinge haben Autorinnen inspiriert und Dichtung in einigen Fällen erst möglich gemacht.

KEIN ZIMMER FÜR SICH ALLEIN

Viele Autorinnen mussten an öffentlichen Orten schreiben, in Cafés oder Bibliotheken. Weil zu Hause kein Platz, keine Gelegenheit, keine Heizung waren. Zu ihnen zählen Joanne K. Rowling, die heute zu den reichsten Frauen Englands gehört, aber auch Simone de Beauvoir und kürzlich Julie Otsuka. Die Nobelpreisträgerin Toni Morrison hat ihre Bücher am Küchentisch geschrieben, zwischen abgegesse-

Oben: Rita Mae Brown. *Unten:* Anne Sexton.

nen Tellern und Brötchenkrümeln. Die Chinesin Zhang Jie, die auch gut in dieses Buch gepasst hätte, schrieb die sechshundert Seiten ihres Romans *Schwere Flügel* auf einem Brett, das sie auf den Toilettensitz gelegt hatte.

Neben dem notwendigen Raum, der die Möglichkeit zum Rückzug und zur Konzentration meint, muss auch Zeit zum Schreiben sein. Das war in früheren Zeiten, als Frauen ständig von Kindern, Haushalt und sozialen Pflichten beansprucht waren, nicht selbstverständlich. An diesem Konflikt ist Sylvia Plath noch um die Mitte des letzten Jahrhunderts gescheitert. Andere wie Karen Blixen, Selma Lagerlöf oder Isabel Allende hatten es da schon viel besser: Sie hatten sogar Sekretärinnen, die hier nicht vergessen werden sollen.

Die amerikanische Schriftstellerin Edith Wharton.

FENSTER AUF ODER ZU?

Feste Schreibzeiten oder nicht? Besuch, Telefon, Hintergrundmusik ja oder nein? Einige Frauen benötigen bestimmte Gegenstände, damit die Inspiration kommt. Das kann die Katze auf dem Schoß sein, Dutzende von Nachschlagewerken, Fotos der Familie oder des Geliebten, Reiseerinnerungen oder der Strauß frische Rosen, die Zigarette oder die Tasse Tee. Feste Zeiten und Rituale, ein wohlgeordnetes Chaos um sich herum, das Gespräch mit den Dingen, all das kann nötig sein, um die Gedanken vom Kopf aufs Papier zu bringen. Andere können nur schreiben, wenn sie durch nichts abgelenkt werden. Bei ihnen darf es nur einen Tisch, einen Stuhl, ein Blatt Papier geben.

Muss es überhaupt immer derselbe Ort sein, an dem ein Buch, ein Gedicht entsteht? Bleibt das Arbeitszimmer über die Jahre immer dasselbe oder schreibt die Autorin überall? Ist sie eine Sesshafte oder eine reisende Vagabundin? Es gibt die unbehausten Dichterinnen, die keinen festen Arbeitsplatz benötigen, die immer auf Reisen sind und überall schreiben können. (Und die, die man vertrieben hat, die ihr Land verlassen mussten und denen man das Schreiben verbieten wollte.)

Die Umgebung, in der Literatur entsteht, ist wichtig. Braucht es eine lärmende Stadt oder ruhige Einsamkeit in der Natur? Eine Metropole oder ein Provinznest? Eine Insel oder einen Berggipfel? Eine Klause oder ein Grandhotel? Einen Ort der Erinnerung oder etwas ganz Neues?

Der Schreibort wird, je nachdem, zum Refugium, zum Paradies, manchmal auch zur Hölle. Am Schreibtisch kann eine Autorin sich sicher fühlen, eins mit sich – oder zerrissen von Selbstzweifeln, von Schreibblockaden, von Anfällen der Selbstzerstörung.

Oben: Ricarda Huch. *Unten:* Arundhati Roy.

ZU DEN QUELLEN

Um uns dem Aussehen und den Arbeitsumgebungen der Autorinnen zu nähern, verfügen wir über Bilder, Tagebücher, Briefe, Romane, Interviews ... Bei Charlotte Brontë oder Jane Austen müssen wir uns mit einem einzigen Gemälde begnügen, das im Falle von Jane Austen sogar erst nach ihrem Tod entstanden ist. Für die Beschreibungen ihrer Zimmer und Schreibtische sind wir auf die Aussagen von Zeitzeugen und Verwandten angewiesen. In einigen Fällen sind die Wohnhäuser in Museen verwandelt worden – mit all den Veränderungen, welche die Jahrhunderte mit sich gebracht haben.

Die Fotografie hat die Autoren aus ihrer Isolation herausgerissen. Denn Menschen, die sich für Literatur interessieren, sind unheilbar neugierig auf die Menschen, die sie schreiben. Seit es Fotos gibt, verbinden wir einen Text mit einem

Autor oder einer Autorin, manchmal haben wir ein Foto einer Autorin im Kopf, bevor wir ihre Texte lesen. Noch in den dreißiger und vierziger Jahren des vergangenen Jahrhundertes gab es keine Autorenfotos auf den Buchumschlägen. Die Leserinnen wussten nicht, wie die Autorinnen aussahen. Sie konnten sich kein Bild machen. Elizabeth Bowen schrieb an ihren Agenten Curtis Brown: »Fast alle Autorenfotos und ganz bestimmt die der Autorinnen schrecken mich von der Lektüre des dazugehörigen Werks ab.«

Eine der ersten, die die Macht des Bildes erkannte, war Gisèle Freund. Sie emigrierte 1933 nach Paris und fing an, Schriftsteller zu fotografieren. Viele ihrer Fotos bestimmen noch heute unser Bild der Aufgenommenen. Der Ruhm der Fotografin strahlt auf die Autorin ab und umgekehrt.

Die britische Schriftstellerin Muriel Spark.

Die Lieblingsautorin ist nicht dabei, wie schade! So mag die eine oder andere Leserin denken. Sich zu beschränken war die schwierige Aufgabe, die

am Anfang dieses Buches stand, als es noch Idee war. Übriggeblieben sind rund vierzig Dichterinnen. Sie schrieben oder schreiben zum großen Teil auf Englisch, sie sind Amerikanerinnen oder Engländerinnen. Dann folgen die Französinnen. Einige haben im Laufe ihres Lebens ihre Arbeitssprache gewechselt, so wie Hannah Arendt, die in Deutschland geboren wurde und nach Amerika emigrierte. Die älteste Autorin stammt aus dem achtzehnten Jahrhundert, die jüngste ist Zeitgenossin. Wir lernen die Autorinnen kennen, die ohne zu schreiben nicht leben können, für die Leben Schreiben bedeutet (Ingeborg Bach-

Oben: Gloria Steinem. *Unten:* Barbara Cartland.

Oben: Margaret Mitchell. *Unten:* Phillis Wheatley.

mann und Simone de Beauvoir), solche, die durch
das Schreiben ein großes Unglück verarbeiten
(Isabel Allende), die ihrem ereignislosen Leben durch das Schreiben entfliehen (Jane
Austen oder Charlotte Brontë), aber auch die
anderen, die ihre Bücher am Herd konzipieren
und schreiben, um Geld für die Renovierung
des Wintergartens zu verdienen (Agatha Christie und Colette).

Doris Lessing gibt vor ihrer Haustür Interviews, nachdem sie
2007 den Nobelpreis für Literatur erhalten hat.

Angeboten wird keine Textinterpretation, sondern eine Annäherung an die Autorin, eine Lesart, die nicht alleingültig sein muss. Wenn sie zur Neugierde oder zum Widerspruch anregt, zum Nachfragen oder Nachlesen – umso besser!

Viele der hier vorgestellten Autorinnen kannten sich oder waren eng befreundet – oder mochten sich nicht und fühlten sich als Konkurrentinnen. »Nur über meine Leiche!«, würde die eine oder andere vielleicht rufen, wenn sie wüsste, mit wem sie hier versammelt ist. Mary McCarthy war eine gute Freundin und Unterstützerin von Hannah Arendt, als nach deren Eich-

mann-Buch sich sogar Freunde aus Studientagen von ihr abwandten. Aber Simone de Beauvoir mochte McCarthy nicht. Carson McCullers besuchte Elizabeth Bowen im Mai 1950 in deren irischem Landhaus und blieb vier Wochen. Und sie war unsterblich in Annemarie Schwarzenbach verliebt, die wiederum unglücklich Erika Mann liebte ...

Zuletzt noch eine persönliche Bemerkung: Während der Arbeit an diesem Buch habe ich viele Autorinnen nach Jahren wiedergelesen und die Lektüre als große Bereicherung erfahren. Es waren die Bücher, die die vielen Umzüge und Wegwerfaktionen überlebt haben. Zu recht, wie ich jetzt weiß!

Oben: Erika Mann. *Unten:* Anna Seghers.

Erstes Kapitel

SCHREIBEN IST LEBEN –
LEBEN IST SCHREIBEN

»*Mir ist, als müsste ich
mich selbst suchen gehen.*«

HANNAH ARENDT
14. Oktober 1906 – 4. Dezember 1975

EINE FLÜCHTIGE AUF DER SUCHE NACH WAHRHEIT

Geboren in eine jüdische Familie bei Hannover, aufgewachsen in Köngisberg und Berlin, Studium in Heidelberg und Freiburg. 1933 Emigration über Prag nach Paris, im Mai 1940 Internierung im berüchtigten südfranzösichen Lager Gurs. Flucht aus dem Lager und zweite Emigration in die USA. 1951 Erwerb der amerikanischen Staatsbürgerschaft, 1959 Vorlesungen an der Universität Princeton – als erste Frau. Nach dem Krieg regelmäßig mehrmonatige Aufenthalte in Europa.

Das ist die geografische Biografie einer Flüchtigen, einer Verjagten. Die Ausbürgerung aus Nazideutschland traf Hannah Arendt tief, die zweite Flucht nach dem Einmarsch der Deutschen in Frankreich verschlug sie nach New York. Und auch diese Heimat war gefährdet, als sie nach ihrer Bewertung des Eichmann-Prozesses Anfeindungen von Kollegen, Freunden und sogar Mitbewohnern ihres Hauses ausgesetzt war. Sie hatte Angst davor, ein drittes Mal ihre Sachen packen und sich eine neue Heimat suchen zu müssen.

In New York lebte sie anfangs mit ihrem zweiten Mann Heinrich Blücher und ihrer Mutter in ärmlichen Verhältnissen in einem Zwei-Zimmer-Appartement in der Upper Westside. Sie musste Englisch lernen, die Sprache, in der sie auch ihr erstes großes Buch schrieb: *Elemente und Ursprünge totalitärer Herrschaft* (1951). Anfangs schrieb sie für die jüdische Zeitung *Aufbau* in New York. 1950 zogen sie und ihr Mann in eine große Wohnung am Riverside Drive 370 mit zwei schönen Arbeitszimmern und Blick auf den Fluss. Von beiden Wohnungen gibt es keine Aufnahmen, denn Hannah Arendt legte Wert auf Privatsphäre.

»ICH MUSS VERSTEHEN«

1961 nahm sie als Prozessbeobachterin für *The New Yorker* am Eichmann-Prozess in Jerusalem teil. Ihre Eindrücke legte sie in ihrem wichtigsten Buch *Eichmann in Jerusalem. Bericht von der Banalität des Bösen* nieder. Sie stellte Adolf Eichmann als alltäglich dar und sprach ihm jede Dämonität ab. Außerdem problematisierte sie die Rolle der Judenräte bei der Vernichtung der Juden. Für beides wurde sie heftig angegriffen und verleumdet: Sie verharmlose den Holocaust und habe keine Liebe für das jüdische Volk. Sie stand jedoch zu ihren Thesen und nahm den Verlust von alten Freunden, unter anderen Gershom Sholem und Hans Jonas, in Kauf. Hannah Arendt war eine unbequeme Denkerin, eine, die alte Gewissheiten in Frage stellte und sich darin nicht beirren ließ.

»DER EINZIGE MENSCH, DEM MAN BEIM DENKEN ZUSCHAUEN KANN.«

Das sagte ihre Freundin Mary McCarthy über Hannah Arendt. Die Porträts zeigen eine Frau, die ihre Hand an die Wange legt. Diese Geste nimmt sie mit durchs Leben, wir sehen sie auf Fotos der jungen Hannah und immer noch, als sie eine reife Frau ist. Sogar die Karikaturisten zeigen sie so, die Wange in die Hand gestützt, über einem Buch. Oft hält die Hand an der Wange die dicke, filterlose Zigarette, die auch auf fast allen Fotos zu sehen ist. Sie zeigen eine nachdenkliche Frau, der Blick ist meistens nach innen gerichtet.

Hannah Arendt hat keine Romane geschrieben, sie hat sich mit den Themen Freiheit und Judentum beschäftigt, vor allem aber mit dem Totalitarismus, der das Zwanzigste Jahrhundert – und natürlich ihr eigenes Leben – prägte. Sie hat versucht, dieses Jahrhundert mit seinem Exzessen denkend zu verstehen, und diese reflektorische Haltung drückt sich in den Fotos aus. Sie wollte nie eine Philosophin sein, sondern nannte sich lieber eine politische Theoretikerin. In Interviews hören wir eine Frau, die druckreif spricht, die ihre Gedanken auffächert, ohne dabei die Ausgangsfrage aus den Augen zu verlieren. Sie argumentiert strukturiert und überzeugend und bleibt immer Herrin des Themas. Dazwischen ist ab und zu ein berlinerisch gefärbter Ausdruck zu vernehmen – vielleicht ein Hinweis auf die tiefe Menschlichkeit, von der sie geprägt ist.

Wie gesagt, es gibt keine Originalfotos von Hannah Arendt an ihrem Schreibtisch. Denn Hannah Arendt brauchte einen geschützten Raum, um zu arbeiten und zu schreiben. Die Wohnung im Riverside Drive war ihr Refugium, das sie mit ihrem Mann Heinrich Blücher und ihrer Sekretärin Lotte Köhler teilte. Gleichzeitig versammelte sie hier aber auch ihren *tribe*, ihren Stamm von Freunden und Kollegen aus New York.

Eine Vorstellung, wie es am Riverside Drive aussah, liefert der Film *Hannah Arendt* von Margarethe von Trotta, der sich sehr um historische Genauigkeit bemüht. Auf ihrem Schreibtisch in der großen Wohnung standen drei Fotografien: die ihres Mannes, die ihres Professors Martin Heidegger, und die letzte zeigt ihre Mutter (im Film fehlt das Foto ihrer Mutter, weil diese im Film nicht vorkommt). Der Schreibtisch ist l-förmig, die eine Seite sieht auf den Fluss hinaus. Er ist überladen mit den Prozessakten, die in mehreren Kartons aus

Aus dem Film *Hannah Arendt.*

Israel herbeigeschifft wurden. In dem Buch zum Film gibt es eine Aufnahme von Hannah Arendts Schreibmaschine, ein Blatt Papier ist eingespannt, rundherum liegen die Brille, Stifte, Zettel, Bücher … In einigen Szenen des Films sieht man sie auf einer Couch liegen, die der von Freud ähnelt. Mit der Zigarette in der Hand liegt sie da und denkt nach.

Arendts Biografin Elisabeth Young-Bruehl beschreibt die Atmosphäre der Wohnung folgendermaßen: »Die Arbeits- und Diskussionsräume waren das Entscheidende … Auch das Wohnzimmer und Arendts Arbeitszimmer waren ein Raum. In der Nähe der großen Fenster, die auf den Riverside Park und den Hudson River blickten, standen ein Schreibtisch und ein kleinerer Tisch für die Schreibmaschine. Dicht daneben befanden sich die Regale, auf denen ihre eigenen Werke standen … Im Mittelpunkt dieses geräumigen Wohnzimmers standen Sofas und Stühle, ein kleiner Getränkeständer, der von der Seite herangezogen wurde, und ein Kaffeetisch voller Zigaretten, Streichhölzer, Aschenbecher, dazu ein Arsenal von Nussschalen, Minzeschalen und Gläsern mit Plätzchen – das Diskussionszentrum. Aber wenn Besucher kamen, lockten die Fenster sie durch den Raum, auf Hannahs Schreibtisch zu. An diesem Tisch schien Arendts Arbeit die ganze Zeit über voranzugehen, selbst wenn sie mit ihren Besuchern in der Mitte des Zimmers saß und redete.«

»Schreiben heißt, von einer sehr merkwürdigen Arbeit existieren, von der man nicht verlangen darf, dass die Gesellschaft sie als Beruf, als nützlich und notwendig anerkennt.«

INGEBORG BACHMANN

25. Juni 1926 – 17. Oktober 1973

ALLEIN UNTER MÄNNERN

Geboren wurde Ingeborg Bachmann in Klagenfurt. Bereits als Jugendliche schrieb sie erste Gedichte. 1952 las sie zum ersten Mal vor der legendären Gruppe 47 und erhielt im folgenden Jahr für ihren Gedichtband *Die gestundete Zeit* den Preis der Gruppe.

Die Autorin schrieb Gedichte, Essays, Libretti und Hörspiele. 1964 bekam sie den Büchner-Preis, vier Jahre später den Großen Österreichischen Staatspreis. 1965 zog sie nach Rom und arbeitete an der »Todesarten-Trilogie«, als erster Band erschien 1971 der Roman *Malina*. In den letzten Jahren ihres Lebens war Ingeborg Bachmann tablettensüchtig, ein Besucher berichtete von zahlreichen Flecken auf ihrer Haut, die von brennenden Zigaretten rührten, weil sie durch Barbiturate schmerzunempfindlich geworden war. Sie starb am 17. Oktober 1973 an den Folgen von Brandverletzungen, nachdem sie mit einer Zigarette eingeschlafen war.

Die Schreibmaschine sieht aus, als sei sie nur zufällig auf diesen Tisch gestellt worden, der viel zu hoch ist. Es ist ein teurer, runder Tisch aus kostbarem Holz, zu Repräsentationszwecken gebaut. Wir können die Intarsien auf der Oberfläche erkennen. Um sie zu schützen oder um den Krach beim Tippen zu mindern, liegt etwas wie ein flaches Kissen unter der Schreibmaschine. Hinter der Maschine sitzt die Autorin, viel zu klein, auf einem mit gestreiftem Stoff bezogenen Sofa aus der Biedermeierzeit. Der Tisch zu hoch, das Sofa zu niedrig – von ergonomischem Sitzen keine Spur. Ingeborg Bachmann muss sich hinaufrecken, das Kinn heben, um lesen zu können, was sie gerade geschrieben hat. Es scheint ihr nicht zu missfallen, ein winziges Lächeln umspielt ihre Lippen.

Warum dieses Provisorium? Warum kein ordentlicher Schreibtisch, rechteckig, groß, in der richtigen Arbeitshöhe, wie es sich gehört? Ist die Autorin vielleicht nicht zu Hause? Ist sie auf Reisen? Oder will sie uns sagen, dass es ihr egal ist, wo ihre Schreibmaschine steht, Hauptsache, sie funktioniert und kann ihren Text produzieren?

SPIEL MIT DEM FEUER

Ein weiteres Foto zeigt die Autorin vor einem Spiegel. Es ist ein sehr großer Spiegel, wie sie in großen Wohnzimmern über dem Sofa hängen. Ingeborg Bachmann steht seitlich zu ihm. Sie hat eine typische Repräsentationspose eingenommen, die wir von vielen gemalten Porträts kennen. Wir sehen ihr Gesicht im Profil. Obwohl sie zweimal die Möglichkeit hätte – direkt oder durch den Spiegel –, sieht sie uns nicht an. Der Blick geht leicht melancholisch oder nachdenklich nach innen. Das Gesicht ist ungeschminkt und sehr offen, ungeschützt, beinahe verletzlich.

Vielleicht ist dies ein Hinweis auf die Schreibweise der Autorin, die mit ihrer Suche nach einer neuen, weiblichen Empfindungen angepassten Sprache auf Unverständnis und teilweise auch Ablehnung stieß. Die Existenz als Schriftstellerin bedeutete für Ingeborg Bachmann ein Leben als Spiel mit dem Feuer. Immer wieder taucht das Motiv in ihren Gedichten und Texten auf.

»Ich existiere nur, wenn ich schreibe, ich bin nichts, wenn ich nicht schreibe, ich bin mir selbst vollkommen fremd, aus mir herausgefallen, wenn ich nicht schreibe. [...] Es ist eine seltsame, absonderliche Art zu existieren, asozial, einsam, verdammt, es ist etwas verdammt daran.«

>>*Ich konnte mir mein Leben nicht
ohne Schreiben vorstellen.*<<

SIMONE DE BEAUVOIR

9. Januar 1908 – 14. April 1986

DIE ÖFFENTLICHE FRAU

Simone de Beauvoir wurde am 9. Januar 1908 in Paris in ein traditionelles, katholisches Elternhaus geboren. Sie war ein sehr wissbegieriges Kind. Prägend war für sie die Freundschaft mit Elisabeth Mabille, genannt Zaza, die starb, als Simone de Beauvoir ihre ersten eigenen Schritte im Leben machte. Mit Beginn der Pubertät lehnte sie sich gegen das großbürgerliche Elternhaus auf. Bei der Vorbereitung zum Abschluss in Philosophie, der zur Lehre an den wichtigsten Schulen des Landes berechtigt, traf sie Jean-Paul Sartre. Bis zu seinem Tod 1980 bildeten die beiden ein Paar, das vielen als Vorbild gilt: Sie waren nicht verheiratet und hatten andere Partner, sie führten niemals einen gemeinsamen Haushalt. Aber zusammen gehörten sie zu den führenden Intellektuellen Frankreichs.

1943 erschien Beauvoirs erster Roman *Sie kam und blieb*, in dem es um eine Dreiecksbeziehung geht. Ein Jahrzehnt später erhielt sie für *Die Mandarine von Paris* den wichtigsten französischen Literaturpreis, den Prix Goncourt.

Simone de Beauvoir war eine Vorkämpferin der Frauenbewegung. Ihr Buch *Das andere Geschlecht* (1949) ist ein Standardwerk. Sehr lesenswert sind auch ihre Memoiren, die in vier Bänden zwischen 1958 und 1972 erschienen. Besonders der erste Band über ihre Kindheit bis zum Alter von zwanzig Jahren zeigt sehr deutlich die Anstrengungen, die es Simone de Beauvoir gekostet hat, sich von den Erwartungen, die ihre gesellschaftliche Klasse an eine Tochter aus gutem Hause hatte, zu lösen.

VOR DEM SCHREIBEN KOMMT DAS LESEN

Als sie mit Anfang zwanzig zum ersten Mal in Sartres Zimmer kam, um sich mit ihm auf die Prüfung vorzubereiten, fand Simone de Beauvoir sich »in einem riesigen Durcheinander von Büchern und Papieren« wieder. Ein offensichtlich prägendes Erlebnis. Auf dem Foto rechts sehen wir Simone de Beauvoir unter ihrem Bücherregal sitzen. Es ist dermaßen überladen, dass wir Angst bekommen, es könnte sie erschlagen. Der Blick des Fotografen ist auf der Höhe der Bücher, die Autorin sitzt darunter. Im Regal stehen englische Bücher, Fotos, die meisten von Jean-Paul Sartre, ein ganzer Vorrat an Zigarettenpäckchen, daneben Manuskripte und Blättersammlungen in den typischen französischen *classeurs*,

»*Mein wichtigstes Werk ist mein Leben.*«

Zeitungsstapel, Briefumschläge, ein Zettelkasten, ein Glas mit Stiften, daneben Reiseandenken ... Man fragt sich unwillkürlich, wo hier eigentlich noch Platz zum Schreiben sein soll. Das Foto ist in der kleinen Wohnung aufgenommen, die Simone de Beauvoir 1954 von dem Preisgeld für den Prix Goncourt kaufte. Bis dahin hatte sie nie eine eigene Wohnung besessen, sondern in Hotels gewohnt. Häufig wohnte Jean-Paul Sartre im selben Hotel, aber in einem anderen Zimmer. Noch ein Frage drängt sich auf: Wie hat sie in einem Hotelzimmer alle diese Dinge aufbewahren können?

EIN LEBEN IN DER ÖFFENTLICHKEIT

Simone de Beauvoir wollte nie etwas anderes sein als eine Intellektuelle, für die die persönliche Freiheit das höchste Gut ist. Sie hat ihr Leben in der Öf-

fentlichkeit gelebt. Sie hat in Cafés ihre Bücher geschrieben, gegessen, Freunde getroffen. Nicht nur, weil während der deutschen Besatzung von Paris die Cafés besser geheizt waren als die Wohnungen. Simone de Beauvoir verwehrte sich zeit ihres Lebens gegen jede Art von Häuslichkeit, sie weigerte sich zu kochen und einen Haushalt zu führen, weil ihr diese Tätigkeiten als Falle erschienen, in die Frauen gehen und die sie von der Freiheit, vom Leben, vom Schreiben abhalten. Ihre

Herkunft aus einem großbürgerlichen Elternhaus, in dem die standesgemäße Verheiratung der Töchter von größter Wichtigkeit war und wo die endlosen gesellschaftlichen Verpflichtungen, die Besuche und Diners und Ausflüge ihr als tödlich langweilige Zeitverschwendung erschienen, hatte ihr das sehr deutlich gemacht.

Das Café war ihr auch Beobachtungspunkt. Simone de Beauvoir war ein Stadtmensch. Daneben liebte sie aber seit ihrer Kindheit, wo sie die Sommer auf einem Landsitz der Familie im Limousin verbracht hatte, die Natur, die ihr auch erste Einblicke in philosophische Fragestellungen vermittelte. Durch intensives Schauen und Erleben nahm sie die Natur in Besitz, nur durch ihren Blick entstand sie erst. Solange es ihre körperlichen Kräfte zuließen, unternahm sie lange Wanderungen.

Im letzten Band ihrer Memoiren, *Alles in allem*, schreibt sie: »Ich bin keine virtuose Schriftstellerin gewesen ... Aber das ist

Im Café.

auch nicht meine Absicht gewesen. Ich wollte mich existent machen für die anderen, indem ich ihnen auf die unmittelbarste Weise mitteilte, wie ich mein eigenes Leben empfand: das ist mir in etwa geglückt.«

Beauvoirs Markenzeichen waren die zurückgekämmten, häufig von einem Turban bedeckten Haare, dazu rotlackierte Fingernägel. Auf einem Foto für

ihren Verlag Gallimard setzt sie sich in Pose: Mit einer schier unglaublichen Präsenz ist Simone de Beauvoir da. Sie sieht uns an, selbstbewusst, lächelnd, freundlich, der Welt zugewandt.

»Meine Figuren sind nur Kleiderbügel, auf die ich die Sprache hänge.«

ELFRIEDE JELINEK

geb. 20. Oktober 1946

HASSOBJEKT UND IKONE

Am Anfang schrieb sie ihre Gedichte mit der Hand, heute nur noch mit Computer, weil sie so fest aufdrückt, dass jedes Schreibgerät kaputtgeht. 1984 war sie eine der ersten Autorinnen, die die neue Technik nutzte, weil ihr Mann Informatiker war. Sie schreibt rasend schnell mit zehn Fingern auf dem PC, »weil das der Übermittlung zwischen den Gedanken und der Notation den geringstmöglichen Widerstand entgegensetzt«. Elfriede Jelinek schreibt früh morgens für zwei bis drei Stunden, danach geht es nicht mehr.

Wenn sie fotografiert wird, stilisiert sie sich als Kunstfigur. Sie weiß »in den Mediengewittern zu bestehen«. Wir sehen dominantes Haar, Leder, einen abschätzenden Blick aus großen, dunkel geschminkten Augen, der uns unbehaglich ist. Im Mundwinkel glimmt der Zigarillo. Und ihre Figuren? Sind absolutes Mittelmaß, Hausfrauen mit sexuellen Problemen, gefühlsarm, vom Fernsehen abgestumpft.

Elfriede Jelinek sagt, sie sei »leider« sehr fixiert auf ihren Arbeitsplatz und den Blick, den sie von dort hinaus habe. Ihr Leben an der Peripherie, in einem Einfamilienhaus am Standrand von Wien, sei produktiv für sie, »weil niemand vorbeikommt. Es kann einen niemand stören.«

Mit diesem Haus ist es so eine Sache: Fast ihr ganzes Leben hat Elfriede Jelinek dort mit ihrer Mutter und dem demenzkranken Vater gelebt. Ihr Schreibtisch steht in einem dunklen Raum, holzgetäfelt, ein Rauchtisch in der Ecke. Auch das Empfangszimmer wirkt trotz des hellen Parketts und des Flügels trostlos-düster.

Jelinek wurde von ihrer Mutter zu einem musikalischen Wunderkind dressiert; sie studierte am Konservatorium Orgel, Flöte, Klavier und Komposition. Ständige Überforderung und eine fehlende Kindheit ohne Freunde führten letztendlich zu Angstzuständen. Sie übte, die anderen lebten, so wie sie es in ihrem Roman *Die Klavierspielerin*, ihrer »eingeschränkten Biographie«, beschreibt. Auf dem Flügel liegt die Nobelpreisurkunde, aber die Preisträgerin spielt nur noch selten. Bis zum Tod der Mutter lebte sie mit ihr zusammen in diesem Haus.

Eine Ordnung ist für Jelinek sehr wichtig, um schreiben zu können. Dazu gehören feste Arbeitszeiten und -orte. Sie begründet das mit dem Chaos in ihrem Kopf und in ihren Texten. »Selbst wenn man chaotische Dinge schreibt, braucht man eine große Ordnung ... Das Schreiben muss Ordnung in dieses Chaos bringen.« Ihre Bücher würden sich selbst schreiben, sagt sie. »Ich setze mich hin und weiß nur sehr vage, was ich an diesem Tag schreiben werde. Und dann wird es manchmal auch etwas ganz anderes.«

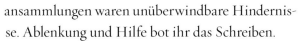

»ALSO WER NICHT LEBEN KANN, MUSS SCHREIBEN.«

Nach dem Abitur wurden ihre Angstzustände bedrohlich, so sehr, dass sie ihr Studium und das Konservatorium aufgeben musste. Sie konnte das Haus am Wiener Stadtrand zeitweise nicht verlassen, Straßenbahnen und Menschenansammlungen waren unüberwindbare Hindernisse. Ablenkung und Hilfe bot ihr das Schreiben.

Elfriede Jelinek spielt virtuos mit den Medien. Sie legt Wert auf eine gute, extravagante Garderobe, die sie oft auf ihr jeweils neuestes Werk abstimmt. Sie hat gelernt, mit Kritik und Häme umzugehen. Die Aufnahme mit dem Zigarillo entstand im Zusammenhang mit ihrem Roman *Lust*. Mit ihrem Auftreten kommentiert sie ihre Bücher.

Als sie 2004 den Nobelpreis erhielt, musste sie der Verleihung fernbleiben, weil ihre Angstzustände zurückkamen. Viele legten ihr das als Missachtung und Unhöflichkeit aus. Seitdem entzieht sie sich der Öffentlichkeit.

»Das Privatleben eines Schriftstellers ist Tratsch, und Tratsch, egal, um wen es geht, beleidigt mich.«

ELSA MORANTE

18. August 1912 – 25. November 1985

RÖMERIN AUS GANZEM HERZEN

Ihr Ende war unwürdig: Nach einem Selbstmordversuch 1983 war die ehemals berühmte Autorin pflegebedürftig und lebte in Armut. Ihr Ex-Ehemann Alberto Moravia appellierte an den italienischen Staatspräsidenten, sie zu unterstützen, was auch geschah. Doch nach ihrem Tod stellte sich heraus, dass Elsa Morante Immobilien und Wertpapiere besaß und Millionärin gewesen war.

Sie wurde 1912 in einem proletarischen Stadtteil von Rom in prekäre Familienverhältnisse hineingeboren. Der Mann ihrer Mutter war offensichtlich impotent und führte im eigenen Haus ein Leben als Paria. Dennoch bekam ihre Mutter vier Kinder.

Mit achtzehn zog Elsa Morante von zu Hause aus und begann zu schreiben. 1937 begegnete sie Alberto Moravia und heiratete ihn. Die Ehe war von lautstarken Streitigkeiten geprägt, aber durch ihn, der bereits als Autor berühmt war, erhielt sie Zugang zu Roms literarischen Kreisen. Weil beide durch ein Elternteil jüdischer Herkunft waren, mussten sie sich ab 1943 im Süden Italiens verstecken.

Zwanzig Jahre waren die beiden ein Paar. Dann verliebte sich Elsa Morante in den viel jüngeren Amerikaner Bill Morrow. Als der 1962 aus einem Fenster eines Hochhauses in New York stürzte, war das die Tragödie ihres Lebens, von der sie sich nie ganz erholte. Sie schrieb danach zehn Jahre lang an ihrem berühmtesten Buch, *La Storia*, das 1974 erschien.

Elsa Morante gehört zu den wichtigsten Schriftstellerinnen der italienischen Nachkriegszeit, obwohl sie sich dem herrschenden Neorealismus verweigerte. Sie stellte die italienische Geschichte der vierziger Jahre mit ihren Erfahrungen von Faschismus, Krieg und Judenverfolgung in ihrem Roman *La Storia* am Beispiel einer Frau und ihrer beiden unterschiedlichen Söhne dar, wobei sie Elemente des magischen Realismus verwendete – was ihr vorgeworfen wurde. Dennoch verkaufte der Roman sich im Jahr seines Erscheinens sechshunderttausendmal und gilt als Nationalepos, vergleichbar mit Lampedusas *Der Leopard*.

SCHREIBEN WIE IM FIEBER

Aufrecht und diszipliniert sitzt die Autorin an einem mit Intarsien verse-
henen Schreibtisch, der aufgeräumt ist bis auf eine Packung Zigaretten und
eine Lampe. Ein wegen seines Querformats ungewöhnliches Buch liegt auf-
geschlagen vor ihr, in das sie mit der Hand schreibt. Sie scheint ihre Arbeit
zu genießen, ein leichtes Lächeln umspielt den Mund. Und doch stellt sich
die Frage, wie sie es geschafft hat, ihre vielhundertseitigen Romane mit dem
Füllfederhalter zu Papier zu bringen. Sie soll eruptiv geschrieben haben, wie
im Fieber, während im Nebenzimmer ihr Mann Alberto Moravia seine festen
Schreibzeiten einhielt, als wären sie Bürozeiten. Vier Romane gibt es aus ihrer
Hand, alle erhielten wichtige Preise.

Auf vielen Fotos ist sie mit Katzen zu sehen, die ihre Lieblingstiere waren. Und manchmal bekommt ihr eigenes Aussehen etwas Katzenhaftes. Als

kindlich-katzenhaft wird sie von Zeitgenossen beschrieben, als verführerisch mit blitzenden Augen, voller verrückter Ideen. Ihre Weihnachtsfeste über den Dächern von Rom waren legendär, auch ihr Unmut, wenn es ihr jemand nicht recht machte, der starken Raucherin aus Höflichkeit Feuer geben wollte und sie so um das Vergnügen brachte, die Zigarette selbst anzuzünden. Und fuchsteufelswild konnte sie werden, wenn sie jemand als Elsa Moravia ansprach. Gleichzeitig war sie sehr verletzlich, immer bereit, sich komplett in eine kleine Dachwohnung in der römischen Via dell'Oca zurückzuziehen, um zu schreiben.

Morantes Studio in der römischen Via dell'Oca.

Zweites Kapitel

POESIE AM KÜCHENTISCH

»Mrs. Hall kam gestern sechs Wochen vor der Zeit mit einer Totgeburt nieder, verursacht durch einen Schock. Ich vermute, sie hat aus Versehen ihren Mann angeguckt.«

»Es wird für einen Mann immer unfassbar bleiben, dass eine Frau einen Heiratsantrag zurückweisen könnte.«

JANE AUSTEN
16. Dezember 1775 – 18. Juli 1817

ZUM TEE BEI MS. AUSTEN

Zwei gar nicht nette Zitate, ironisch-schnippisch, die ganz eindeutig darauf hinweisen, dass Jane Austen Pläne für ihr Leben hatte, die sich mit Mutterschaft und Ehe nur schlecht vereinbaren ließen. In einem Brief an ihre Schwester notiert sie einen möglichen Grund für ihre Ehelosigkeit: Wie solle man denn Romane schreiben, wenn man in der Küche stehe und der Kopf voll sei mit Gedanken an Hammelbraten und Rhabarber?

Zweihundert Jahre nach dem Erscheinen ihrer Bücher ist Jane Austen berühmt. Ihre Bücher werden neu aufgelegt und besonders durch die verschiedenen Verfilmungen, zu denen auch moderne Adaptionen wie *Bridget Jones – Schokolade zum Frühstück* gehören, sind ihre Stoffe einem großen Publikum vertraut. Aber Jane Austen hat auf den ihr zustehenden Ruhm verzichtet. Weil es sich nicht gehörte, als Frau Romane zu schreiben, schrieb sie unter dem Pseudonym *By a Lady*. Immerhin gab sie sich als weibliche Autorin zu erkennen.

Aquarellzeichnung von Jane Austens Haus in Chawton, Hampshire.

DAS ERSEHNTE ZUHAUSE

1809 fand sie endlich ein Zuhause in Chawton, einem wuchtigen, vielgiebligen Bau einige Kilometer von Winchester entfernt. Da war sie »schon«, das heißt nach damaligen Verhältnissen, vierunddreißig Jahre alt. Ihr Bruder Edward hatte das Anwesen geerbt und überließ es den beiden Schwestern Jane und Cassandra und ihrer Mutter. Endlich konnte Jane Austen zur Ruhe kommen. In den Jahren zuvor war sie immer wieder innerhalb von Südengland umgezogen, manchmal in Häuser oder Umgebungen, die sie hasste und wo sie sich nicht wohlfühlte. Sie war angewiesen auf die Mildtätigkeit von Verwandten, immer umgeben von Besuchern, eingespannt in ein Korsett gesellschaftlicher Verpflichtungen. Möbel, Bücher, Janes Klavier, Bilder und vieles mehr, was vertraut und geliebt gewesen war, blieben zurück.

Nun endlich, in Chawton, sollten ihr nur mehr acht Lebensjahre bleiben, in denen sie die Ruhe zum Schreiben fand. »Es war eine seltene Freude, einmal allein im großen Salon an ihrem neuen Roman zu schreiben – in Gesellschaft von ›fünf Tischen, 28 Stühlen und zwei Kaminfeuern‹.« So beschreibt es ihre Biografin Elsemarie Maletzke.

Our Chawton Home, how much we find
Already in it to our mind;
And how convinced that when complete
It will all other houses beat.

Mit diesen Worten an ihren Bruder Francis lobte Jane Austen ihr neues Zuhause. Ihre Aufgabe in dem Ziegelsteinhaus war die Zubereitung des Frühstücks, außerdem war sie für Tee, Zucker und den Keller zuständig. Sobald der Tisch abgeräumt war, setzte sie sich zum Schreiben an den Esstisch. Später bekam sie einen kleinen runden einbeinigen Tisch mit einer zwölfeckigen

Walnussplatte. Dies ist wohl der kleinste Tisch, auf dem je Weltliteratur geschrieben wurde.

»Wenn es ein Buch gibt, das du wirklich lesen willst, und es wurde noch nicht geschrieben, dann musst du es schreiben.«

TONI MORRISON

geb. 18. Februar 1931

KEINE AMERIKANISCHE, SONDERN EINE SCHWARZE SCHRIFTSTELLERIN

Sie war die erste schwarze Nobelpreisträgerin. Und sie traf den ersten schwarzen Präsidenten der USA. Sie wurde als Chloe Anthony Wofford geboren, nahm aber als Teenager den Spitznamen Toni an, der ihr blieb. Zu ihrem Bedauern, wie sie heute sagt, denn Toni sei doch eher ein Name für Teenager, und Morrison hieß ihr Ehemann, von dem sie schon seit 1964 geschieden ist. Ihre wahren Freunde würden sie Chloe nennen. »Chloe schreibt meine Bücher.«

Toni Morrison war in den siebziger Jahren Verlagslektorin und hob afroamerikanische Autoren ins Programm von Random House. 1958 hatte sie geheiratet, 1964 sich getrennt. Um diese Zeit begann sie, morgens um vier Uhr aufzustehen und eine Kurzgeschichte, in der es um blaue Augen ging, in einen Roman umzuschreiben. *Sehr blaue Augen* hieß ihr erster Roman, der 1970 in Amerika erschien, neun Jahre später in deutscher Übersetzung.

In ihren Büchern erzählt Toni Morrison die Geschichte der Schwarzen in Amerika, die über Generationen hinweg in einer »nationalen Amnesie« vergessen war. Nicht einmal schwarze Lehrerinnen kannten die Geschichte der Sklaverei! Auch befreiten Sklaven war es verboten, Lesen und Schreiben zu lernen, und so konnte sich ihre Geschichte nicht verbreiten.

VERBRANNTE ERINNERUNGEN

Ende der siebziger Jahre wohnte sie in einem Hausboot, das niederbrannte – mit vielen unersetzlichen Erinnerungsstücken. Heute lebt sie immer noch am Hudson River, etwa fünfundzwanzig Kilometer nördlich von Manhattan.

Toni Morrison hat alle wichtigen Literaturpreise bekommen, darunter den Nobelpreis für Literatur. Ihr Buch *Menschenkind* wurde 2006 zum wichtigsten Buch der letzten fünfundzwanzig Jahre gewählt.

Leider war kein Foto zu finden, das sie an ihrem Schreibtisch zeigt. Aber in einem der fabelhaften Interviews der *Paris Review* aus dem Jahr 1993 findet sich eine ausführliche Beschreibung ihres Büros an der Universität Princeton. Ein hoher Raum wird vorgestellt, an den Wänden ein Druck der farbenfrohen Bilder von Helen Frankenthaler und Architektenzeichnungen von allen Häusern,

die in ihren Büchern auftauchen, daneben gerahmte Schutzumschläge ihrer Romane. Auf dem Schreibtisch ein Kaffeebecher, in dem die Nummer-zwei-Bleistifte stecken, mit denen sie die ersten Entwürfe ihrer Bücher schreibt, und ein gefälschtes Entschuldigungsschreiben von Ernest Hemingway. Schwarze Schaukelstühle mit hohen Lehnen, eine Kaffeemaschine, Pflanzen. Toni Morrison entschuldigt sich für die Unordnung, obwohl der Schreibtisch gut aufgeräumt aussieht, trotz vieler Bücher und Papiere. Der Raum macht den Eindruck einer gemütlichen Küche, wo es sich ohnehin am besten über Bücher sprechen lässt.

DISZIPLIN STATT GÖTTLICHER EINGEBUNG

In diesem Interview spricht sie gleich am Anfang darüber, warum sie morgens um vier Uhr mit dem Schreiben beginnt. Am Anfang, als ihre beiden Söhne noch klein waren, war dies tatsächlich die Zeit des Tages, in der sie ungestört war. Doch als sie später allein in ihrem Haus wohnte, behielt sie die Angewohnheit bei, weil sie festgestellt hatte, dass sie vor Sonnenaufgang am besten denken konnte. »Ich stehe jeden Morgen auf und mache mir einen Kaffee, wenn es noch dunkel ist, und dann warte ich auf das Licht.« Durch dieses morgendliche Ritual trete sie in den Raum des Schreibens ein.

Toni Morrison spricht davon, wie wichtig es sei, genau zu wissen, wann und unter welchen Bedingungen eine Autorin am kreativsten sei. Braucht sie Musik oder Stille? Chaos oder Strenge? Sie selbst träumt von neun Tagen am Stück, die sie für das Schreiben habe, ohne Telefonanrufe, ohne aus dem Haus gehen zu müssen, und riesigen Tischen. Aber sie fügt hinzu, dass sie dieses Paradies noch nicht gefunden habe. Sie müsse schreiben, wenn sie Zeit dazu finde, neben ihrem Beruf, an Wochenenden oder vor Sonnenaufgang. Sie müsse den Schreibzwang durch Disziplin ersetzen.

Dazu passt, dass für Toni Morrison die wiederholte Revision und Überarbeitung eines Manuskripts zu den Arbeiten gehören, die ihr am meisten Befriedigung schenken.

*»Wenn die Leute sagen, sie hätten
keine Zeit zum Schreiben, weil sie kleine
Kinder haben, nun, dann war es für
mich genau umgekehrt. Ich habe keine Zeile
geschrieben, bevor ich sie hatte.«*

*»Warum kann ich nicht
verschiedene Leben anprobieren
wie Kleider, um zu sehen,
was mir am besten steht und
zu mir passt?«*

SYLVIA PLATH

27. Oktober 1932 – 11. Februar 1963

ANSCHREIBEN GEGEN DAS FRAUENBILD DER FÜNFZIGER UND SECHZIGER JAHRE

Bei Sylvia Plath denken wir an hochfliegende Träume, die jäh abstürzten. An den Willen, mit Disziplin und Fleiß etwas Großes zu leisten und das Gefühl, nicht zu genügen, in Zwänge gepresst zu sein. Nach außen gab sie die Fröhliche, Erfolgreiche, im Inneren war sie von Depressionen und Selbstmordgedanken zerfressen. Den Abgrund, der sie vermeintlich von einer absoluten Authentizität trennte, konnte sie nicht überwinden.

Der frühe Tod von Sylvia Plath, die mit dreißig Jahren den Kopf in den Backofen steckte und das Gas aufdrehte, die Verlorenheit und Wut, die aus ihren Romanen und Gedichten aufscheinen, machte sie fast zu einer Heiligen der Frauenbewegung. Allerdings erst nach ihrem Tod. 1956 heiratete sie den englischen Dichter Ted Hughes, der damals schon berühmt war und an der tradierten Rollenverteilung festhielt. Während er schrieb, kümmerte sie sich um Haushalt und Kinder. Obwohl sie sich doch schon Auszeichnungen und Stipendien erschrieben hatte. Die Falle war hinter ihr zugeschnappt. Die Falle, die sie in *Die Glasglocke* beschrieben, vor deren Gefahren sie gewarnt hatte. »Ich erinnerte mich daran, dass Buddy Willard im ernsten, wissenden Ton gesagt hatte, wenn ich erst Kinder hätte, würde ich ganz anders denken und keine Gedichte mehr schreiben wollen. Deshalb glaubte ich, es sei vielleicht wirklich wie Gehirnwäsche, wenn man verheiratet war und Kinder hatte ...«

Ted Hughes betrog sie, sie trennte sich im September 1962 von ihm und lebte allein mit zwei kleinen Kindern. Trotzdem versuchte sie Zeit für die Literatur zu finden. In den folgenden Monaten schrieb sie die meisten ihrer später berühmten Gedichte, die posthum in der Sammlung *Ariel* erschienen. Das Manuskript fand man nach ihrem Tod auf ihrem Schreibtisch.

Die Glasglocke, die sie im August 1961 abgeschlossen hatte, erschien im Januar 1963 unter dem Pseudonym Victoria Lucas, einen Monat später war die Autorin tot.

BERUF UND FAMILIE

Aber wo und unter welchen Bedingungen schrieb sie? Ted Hughes und sie pendelten zwischen den USA und England, und in England zogen sie von London aufs Land und wieder zurück. Immer im Haus waren die beiden Kleinkinder, 1960 und 1962 geboren, die ständig umsorgt werden mussten. Und da war der Haushalt zu führen, Windeln mussten gewechselt und gewaschen, der Garten bestellt werden – und abends waren Roastbeef und Zitronen-Schichttorte zu servieren.

Die Übersetzerin Jutta Kaußen sieht das anders: Die Arbeit im Haus und mit den Kindern und die literarische Arbeit sei für beide gleich wichtig gewesen: »Es gab eine Trennung. Sie hat am Vormittag am Schreibtisch gesessen und er hat sich um die Kinder gekümmert und am Nachmittag dann anders.« Ist dieses Verhältnis irgendwann gekippt? Hatte Syliva Plath mehr Grund daran festzuhalten als ihr Mann? Musste sie die Vereinbarung immer aufs neue einklagen? War die Macht des Faktischen zu stark, waren die hochfliegenden Pläne von der Vereinbarkeit zwischen Familie und Beruf zu blauäugig, zu kräftezehrend?

Zwei Fotos beantworten diese Frage nur bedingt: Sie zeigen Sylvia Plath auf einer Mauer aus Feldsteinen im Freien sitzend, neben sich die Schreibmaschine. In ähnlicher Haltung sehen wir sie vor einem Haus auf der äußersten Ecke eines Gartenstuhls. Was für eine unbequeme Schreibposition! Und wo hat sie das Papier, die Notizzettel? Wer hat die Schreibmaschine dort hingetragen? Oder sind diese Fotos reine Stilisierungen, weil sie sich nicht an ihrem richtigen Arbeitsplatz zeigen wollte? Gab es diesen Arbeitsplatz vielleicht gar nicht in einem Haus, in dem sie Mutter und Hausfrau zu sein hatte?

Der Film *Sylvia* von 2003 zeigt Gwyneth Paltrow als Sylvia Plath an einem einfachen Tisch sitzend, der wohl in der Küche steht, denn hinter ihr ist ein Kühlschrank zu sehen. Auf dem Tisch eine mechanische Schreibmaschine und Papier, ein Stift und ein Notizbuch. Im Hintergrund ein Regal mit Büchern. Und die Autorin sitzt am Tisch und hat die Füße daraufgelegt, ihr Blick ist leer und geht nirgendwohin.

Anderen Quellen zufolge hat Sylvia Plath frühmorgens geschrieben, noch in der Dämmerung, weil das wohl der einzige Zeitpunkt des Tages war, an dem sie ungestört sein konnte.

»Kann ich schreiben? Werde ich schreiben, wenn ich genug übe? Wie viel soll ich für das Schreiben opfern, bevor sich herausstellt, ob ich gut bin?« So lautet ein Tagebucheintrag vom September 1951. So befragt sich eine zutiefst verunsicherte Autorin.

Und in einem ihrer Gedichte heißt es: »Sterben ist eine Kunst, wie alles. Ich kann es besonders schön.«

*»Warum das Leben so
leer, kurz und streng ist,
ich weiß es nicht.«*

CHARLOTTE BRONTË

21. April 1918 – 31. März 1855

DIE TAUBENGRAUE

Warum Charlotte, warum nicht eine ihrer Schwestern, könnte man fragen. Denn auch die anderen beiden »taubengrauen Schwestern«, wie Arno Schmidt sie nannte, waren begabte Autorinnen.

Charlotte Brontë wurde im Jahr vor Jane Austens Tod geboren, als drittes von sechs Kindern; zwei ältere Schwestern starben kurz hintereinander an Tuberkulose oder Auszehrung, wie man das damals nannte. Für Frauen hatte sich in der Zwischenzeit nicht viel geändert. Sie blieben zu Hause. So hielten die verbliebenen Geschwister zusammen und verbrachten fast ihr gesamtes Leben im Pfarrhaus neben dem Friedhof des Dörfchens Haworth in Nordengland. Ihre überlebenden beiden Schwestern und ihr Bruder starben mit knapp dreißig Jahren, nur Charlotte durfte neununddreißig Jahre alt werden. Sie starb während ihrer ersten Schwangerschaft. Damals vermutete man Auszehrung, vielleicht handelte es sich aber auch um eine Schwangerschaftsvergiftung.

Dieses Gemälde von Edwin Landseer tauchte 2011 auf und soll die Schwestern Brontë zeigen. Charlotte steht in der Mitte.

SCHREIBEN IM KREIS DER FAMILIE

Ihre Weltläufigkeit lasen sie und ihre Schwestern sich an. Gegen Ende ihres Lebens, nachdem sie ihr männliches Pseudonym gelüftet hatte, genoss Charlotte eine gewisse Berühmtheit. Sie war eine der ersten Frauen, der eine eigene Biographie gewidmet wurde.

Das Brontë-Parsage-Museum in Haworth.

Charlotte Brontë unter den Augen ihres Vaters.

Das Schreiben begann im Juni 1826 mit zwölf Holzfiguren, die der Vater dem Bruder von einer Reise mitbrachte. Sie wurden die Protagonisten in einer Welt, die Charlotte, ihre beiden Schwestern Emily und Anne sowie der Bruder Branwell erschufen – und immer weiter entwickelten und über Jahre hinweg aufschrieben, und zwar auf Kniepulten.

Ausflüge aus der Familie gab es immer wieder, aber sie scheiterten meistens. Die Schwestern besuchten Mädchenpensionate oder ließen sich als Gouvernanten oder Lehrerinnen einstellen, kehrten aber immer wieder nach

Haworth zurück. 1842 fuhren Charlotte und Emily nach Brüssel in ein Pensionat. Auch dieser Versuch missglückte: Charlotte verliebte sich unglücklich in den Internatsleiter, Monsieur Heger.

Alle drei Schwestern schrieben ihre Bücher im gemeinsamen Esszimmer, Charlotte an *Der Professor*, in dem es um ihre unerwiderte Liebe zu Monsieur Heger geht, Emily an *Sturmhöhe* und Anne an *Agnes Grey*, unter den Augen der jeweils anderen, im Beisein des Vaters und von Besuchern.

Sittsam sitzen sie um den Tisch, über die Näharbeit oder das Papier gebeugt, nichts lenkt sie ab, keine Tasse, kein Kuchen, kein Konfekt. In einer derart disziplinierten Atmosphäre entstanden die Romane. 1847 erschien *Jane Eyre* – unter dem Pseudonym Currer Bell – und wurde ein sensationeller Erfolg.

Auch auf dem Porträt hält Charlotte ein Buch in der Hand. Ein Foto, aufgenommen ein Jahr vor ihrem Tod, zeigt eine Frau im Profil, die ihr Gesicht hinter dunklen, in der Mitte gescheitelten Haaren versteckt.

Die Brontë-Schwestern schreibend in Haworth-Yorkshire.

Drittes Kapitel

SCHREIBEN AM ORT
DER KINDHEIT

»Wenn ein Buch erst einmal fertig ist, kann ich mir nicht mehr erklären, wie ich das geschafft habe.«

SELMA LAGERLÖF

20. November 1858 – 16. März 1940

DIE HEIMKEHRERIN, VON SAGEN UMWOBEN

Selma Lagerlöf war tief verwurzelt in ihrer schwedischen Heimat. Das väterliche Gut Marbacka blieb in ihrem Herzen, auch während sie in Stockholm zur Schule ging und nachdem es nach dem Tod des Vaters 1890 verkauft werden musste. Als sie mit ihren Büchern genug Geld verdient hatte, kaufte sie es zurück. Auf dem abgelegenen Gut vertrieb man sich die Zeit mit Geschichtenerzählen. Jeder gab welche zum Besten, die Familienmitglieder, die Kindermädchen und Dienstboten. So entstand der Bodensatz für ihre späteren Bücher.

Als sie drei Jahre alt war, erkrankte Selma Lagerlöf, wahrscheinlich an Kinderlähmung. Sie musste herumgetragen werden, auch dies mag zu ihrer tiefen Bindung an das Haus beigetragen haben. Marbacka wurde für die Autorin zum Inbegriff von Heimat, von Sicherheit und Geborgenheit – ein Ort, den es zu schützen, im Herzen zu bewahren galt.

Geld war knapp in der Familie. Als Kind wollte Selma Schriftstellerin werden, und der obige Satz war oft von ihr zu hören. Doch vorerst ging sie auf die Schule in Stockholm, ab 1882 auf ein Lehrerinnenseminar. 1885 begann sie als Lehrerin zu arbeiten. Als sie mit dem Manuskript für *Gösta Berling* an einem literarischen Preisausschreiben teilnahm und ein Stipendium gewann, gab sie das Lehramt auf. Ihr berühmtestes Buch ist *Wunderbare Reise des kleinen Nils Holgersson mit den Wildgänsen*, geschrieben als eine Auftragsarbeit für ein Erdkundebuch für Kinder. 1909 erhielt sie als erste Frau den Literaturnobelpreis.

Besonders in Deutschland wurde Lagerlöf geliebt und gelesen – obwohl die Anhänger einer Heimat- oder Volkskunst in ihr fälschlicherweise eine Verbündete gegen die Moderne, gegen die Stadt, gegen die Industrialisierung

Selma Lagerlöf an ihrem Schreibtisch, 1907.

Oben: Selma Lagerlöf-Gemälde von Carl Larsson, 1907, und eine Zeichnung.
Unten: Am Klavier sitzend.

sahen. Nach dem Machtantritt Hitlers tauchte ein Huldigungsbrief der Autorin an ihn auf. Er war gefälscht. Stattdessen unterstützte Selma Lagerlöf Exilanten und verhalf Nelly Sachs zur Flucht aus Nazideutschland.

Beim Betrachten der Biographie dieser Frau, die zeitlebens hinkte und sich schnell fremd fühlte, wenn sie nicht in ihrem Elternhaus war, drängt sich der Vergleich zu ihren Figuren auf. Auch sie sind Einzelgänger und Sonderlinge. Der Blick aus Lagerlöfs grau-blauen Augen wird als sehr intensiv und nach innen gerichtet beschrieben, so als würde sie bereits auf die neuen Geschichten hören, die in ihrem Kopf aus den alten Erzählungen der Kindheit entstehen.

Geschrieben hat Selma Lagerlöf in einem gediegenen, schön eingerichteten, mit vielen Büchern bestückten Arbeitszimmer im ersten Stockwerk auf ihrem Gut Marbacka. Der Raum ist hell und leuchtet im Sonnenlicht grün. Auf einem riesigen Tisch stapeln sich Bücher und Papiere. Sie hat einen Stift in der Hand, schreibt stets mit der Hand, ihre Sekretärin Valborg Olander tippt die Manuskripte dann ab.

»Nein, siehst du, ich muss ich selber sein, in mir selbst etwas sein, muss etwas haben und besitzen, das wirklich mein Eigentum ist, etwas schaffen, was von mir kommt und mein Ich darstellt, um überhaupt leben zu können.«

KAREN BLIXEN

17. April 1885 – 7. September 1962

»ICH HATTE EINE FARM IN AFRIKA.«

Karen Blixen hatte viele Namen. In Deutschland erschien *Jenseits von Afrika* unter dem Namen Tania Blixen, in den USA unter Isak Dinesen. Karen Dinesen war ihr Mädchenname, und für ihre ersten Geschichten wählte sie den Namen Osceola.

Karen Blixen hatte zwei Heimaten. Eine ist uns allen vertraut durch den Film, der nach ihrem berühmten Roman *Jenseits von Afrika* entstand. 1913 reiste sie mit dem Zwillingsbruder des Mannes, in den sie verliebt war, nach Kenia. Vielleicht floh sie auch, denn sie litt unter dem Leben in Dänemark mit den Zwängen, denen sie als Tochter aus gutem Hause ausgesetzt war: Teegesellschaften, Jagden und Geschwätz.

Ein Jahr später heiratete sie den dänischen Baron Bror von Blixen-Finecke, denn auch die kenianische Kolonialgesellschaft hatte ihre Regeln. Beide führten eine Kaffeefarm. Die Ehe war unglücklich, eine Katastrophe, und ihr Mann infizierte Karen Blixen mit Syphilis.

1918 lernte sie Denys Finch Hatton kennen, ihre große Liebe. 1925 ließ sie sich scheiden. 1931 schlug das Schicksal zweimal hart zu: Die Kaffeefarm geriet in finanzielle Schwierigkeiten und musste versteigert werden, und Denys Finch Hatton kam bei einem Flugzeugabsturz ums Leben kam. Tief unglücklich verließ Karen Blixen Afrika und kehrte nach siebzehn Jahren zurück in ihr Elternhaus in Rungstedlund.

SCHREIBEN VON UNGLÜCK UND VERLUST

»Erst als sie verloren hatte, was ihr Leben gewesen war, ihr Heim in Afrika und ihren Geliebten, erst als sie als vollständiger ›Versager‹ ... heimgekehrt war, ... wurde sie zur Künstlerin.« Das sagte Hannah Arendt über Karen Blixen. Da saß sie wieder in dem Haus, in der Gesellschaft, die sie nicht mochte und aus der sie geflohen war. Doch die sanfte Landschaft, die bekannten Gesichter schienen sie auch zu

heilen. Hier, wo sie so unglücklich war, schrieb sie von ihrem Unglück, von dem Verlust all dessen, was sie geliebt hatte: ihre Farm in Afrika und Denys Finch Hatton. Hier setzte sie sich, nachdem sie einen Spaziergang am Sund entlang unternommen hatte, an ihre alte Schreibmaschine, die sie schon in Afrika besessen hatte, und schrieb.

Ihr Arbeitszimmer lag zur Nordseite und war im Winter so kalt, dass sie in einen anderen Raum umziehen musste. Ein Foto von Finch Hatton stand dort neben Souvenirs aus Afrika, aus ihrem anderen Leben. Der Raum strahlt Gediegenheit und Wohlhabenheit aus. Glänzende Möbel, viele Fenster, edle Teppiche, ein Löwenfell auf dem Boden.

ARISTOKRATISCH IN SZENE GESETZT

Pelze und Perlen, ein Lorbeerkranz auf dem Kopf, eine Krone als Ansteck-
nadel, eine Eule auf der Schulter oder ein toter Löwe zu Füßen, über allem die
riesigen dunklen Augen in dem immer schmaler werdenden Gesicht, das im
Alter von tiefen Furchen durchzogen war: Karen Blixen wusste sich in Szene
zu setzen. Aristokratisch sieht sie aus, ernst und selbstbewusst, höchstens ein
winziges Lächeln hat sie für uns. Auf den Fotos sehen wir eine Frau, die die
Welt gesehen hat und sie beschreiben kann. Die Dame von Welt flößt uns
Respekt oder sogar eine kleine Furcht ein. Sie war streng gegen sich. Am Ende
ihres Lebens, als sie krank war und sich nur noch von Austern und Champagner ernährte, streckte sie sich auf dem nackten Boden aus, wenn die
Schmerzen zu groß wurden, und diktierte ihrer Sekretärin ihre Texte.

Viertes Kapitel

ZIGARETTENRAUCH
UND TEEDUFT

*»Autorin und erwachsen
zu sein — war das nicht
das gleiche?«*

ELIZABETH BOWEN

7. Juni 1899 – 22. Februar 1973

EINE ENGLISCHE LADY IN IRLAND

Die Zigarette fehlt selten auf Fotos von Elizabeth Bowen. Sie muss Kettenraucherin gewesen sein. »Sie hat alles Mögliche geraucht, nicht nur Gold Flake«, berichtete ihr Hausmädchen. »Wenn ich ihr morgens um sechs den ersten Tee gebracht habe ... zog schon der Zigarettenqualm unterm Türspalt durch.« Und Elizabeth Bowen saß fix und fertig angezogen und frisiert an der Schreibmaschine.

Ebensowenig fehlen Perlen oder Handschuhe. Auf einem Foto aus dem Jahr 1956 sehen wir sie in einer Runde von jüngeren Frauen. Sie selbst sitzt im Vordergrund, im Profil, den Ellenbogen aufgestützt, die brennende Zigarette in der Hand. Um sie herum einige junge Frauen, Studentinnen werden sie sein, sie hören ihr zu, hängen an ihren Lippen. Sie sitzen auf dem Fußboden, aber die Tasse Tee darf trotzdem nicht fehlen. Der Raum ist dunkel, ein dunkler Teppich liegt auf dem Boden, auch die Möbel sind aus dunklem Holz, ebenso die Buchrücken im Regal. Nur die Passepartouts der exakt in Reihe gehängten Bilder leuchten hell. Elizabeth Bowen beherrscht die Szene und die sie umgebenden Menschen. Ganz die elegante Dame sitzt sie da, kerzengerade in ihrem grauen Wollkostüm und der weißen Bluse, der Ansteckblume, und doch wird ihr im nächsten Augenblick die Asche ihrer Zigarette herunterfallen ...

Ein anderes Foto zeigt sie in einer anderen Arbeitssituation. Elizabeth Bowen sitzt an der Stirnseite eines Tisches, der neben dem Fenster steht. Er sieht mehr wie ein Esstisch oder ein Küchentisch aus. Natürlich raucht sie. Sie hält ein Blatt Papier in den Händen und spricht darüber mit einem Mann, von dem wir nur die Hand sehen. Vor ihr auf dem Tisch liegen weitere Papiere, das altmodische Telefon hängt griffbereit an der Wand. Dieses Bild von ihr wurde 1957 in ihrem Haus aufgenommen. Entspannt sitzt sie dort, die Beine leicht von sich gestreckt, die (nackten?) Füße in Ballerinas.

Die Anglo-Irin Bowen war klassenbewusst, religiös und hielt auf Tradition, Maß und Ordnung. Sie hat nie auch nur den leisesten irischen Akzent gehabt, denn das hätte für eine mangelnde Erziehung gesprochen, doch sie hat ungefähr seit ihrem sechsten Lebensjahr, seit die psychische Erkrankung ihres Vaters offensichtlich wurde, gestottert. Da kommt der Gedanke auf, ob das schlechte Gewissen für die ostentative (sprachliche) Abwehr des Irischen sich ungewollt in einem anderen Sprachmuster niederschlägt.

BOWEN'S COURT

Elizabeth Bowens Leben ist ohne Bowen's Court nicht denkbar. Auf dem alten Landsitz in Irland, der seit Jahrhunderten im Familienbesitz war, verbrachte sie die Sommer ihrer Kinderzeit, 1952 siedelte sie hierher über. 1959 musste sie das Haus verkaufen und zusehen, wie der neue Besitzer es abriss, um es auszuschlachten. Die Autorin liebte diesen Riesenkasten mit den dreißig Zimmern, von denen nur sechs möbliert und geheizt waren, von Herzen. In einigen Räumen stand nur eine Blumenvase. Sie hielt so lange wie möglich an dem Haus fest, das mehr Geld verschlang, als sie verdienen konnte, das im Winter kalt und zugig und immer einsam war. »In einem großen Haus fühlt man sich nicht übersehen; man lebt nach den eigenen Normen, macht seine eigenen Gesetze … Die Geister der Vergangenheit … fügen jeder Minute, jeder Stunde etwas hinzu … Dies ist die Form, die Lebensweise und Tradition, der die Bewohner der großen Häuser noch immer sehr viel opfern.«

Man kann das Haus als Metapher für die Welt des englischen Landadels sehen. Beides beschrieb sie in ihrem Buch *Bowen's Court*, erschienen 1942. Die Figuren ihrer Romane erleben die Rast- und Sinnlosigkeit des Lebens der englischen Oberschicht, die Bowen gnadenlos seziert, deren Teil sie aber auch war. Es gibt ein Foto der Autorin, das diese Zwiespältigkeit wunderbar ausdrückt. Sie präsentiert ihr längliches Oberschicht-Gesicht und faltet die Hände wie eine Heilige, aber hinter ihrer Stirn wird sie eher unheilige Gedanken hegen.

Anfangs schrieb Bowen mit dem Federhalter auf liniertem Papier, später lernte sie Schreibmaschine. Die richtige Umgebung war wichtig für ihre Arbeit. »Das verkrampfte und ängstliche Knarren des Stuhls auf den Dielen«, Geräusche von draußen, Gerüche, solche Dinge brauchte sie als »sinnliche Zeugen, als ich die Grenze zur Traumwelt überschritt«. 1950 erklärte sie, zum Schreiben Zigarettenqualm, rosa Schreibpapier und ein Glas Zitronenwasser zu benötigen. Keinen Tee, denn das Klappern des Glases auf der Untertasse würde sie nervös machen.

*»Nun, was würden Sie
sagen, ist der Grund
dafür, dass Sie schreiben?«
»Geld, Schätzchen.«*

DOROTHY PARKER
22. August 1893 – 7. Juni 1967

EINE STARKE BLONDINE

Dorothy Parker war eine berühmte und noch mehr gefürchtete Theater- und Literaturkritikerin. Welcher Produzent möchte schon nach der Premiere als Empfehlung an die Besucher lesen: »Wenn Sie nicht stricken können, bringen Sie sich ein Buch mit«? In der Zeit vor dem Zweiten Weltkrieg wurde nahezu jede brillante Äußerung automatisch ihr zugeschrieben. Sie war Reporterin im Spanischen Bürgerkrieg und engagierte sich in Hollywood gegen den Nationalsozialismus, was ihr nach dem Krieg den Vorwurf einbrachte, Kommunistin zu sein.

Sie fing an, indem sie bei der *Vogue* Bildunterschriften textete. Ihre Artikel erschienen in *Vanity Fair*, wo sie wegen ihrer spitzen Feder rausflog, im *Cosmopolitan* und *Esquire*, und sie gehörte zu den ersten Autoren des neugegründeten *New Yorker*. Ihr erster Mann kam von den europäischen Schlachtfeldern als Alkoholiker und Morphinist zurück, damit begann auch ihre eigene fatale Neigung zum Alkohol. Ihr zweiter Mann war elf Jahre jünger als

sie, und ihm gelang es, ihrem unsteten Leben ein wenig Stabilität zu geben. Mit ihm ging sie nach Hollywood und verdiente als Drehbuchschreiberin einen Haufen Geld, das ihr zwischen den Fingern zerrann.

1956, zur Zeit eines Interviews mit *The Paris Review*, lebte Dorothy Parker in einem Hotel in Midtown New York – zusammen mit einem jungen Pudel, der das Zimmer in ein Schlachtfeld verwandelt hatte: Zeitungen, eine Gummipuppe und Lammknochen auf dem Fußboden. Sie verbrachte fast ihr ganzes Leben in Hotelsuiten – mit einer Zugehfrau, die ihr morgens das Frühstück ans Bett brachte. Und sie liebte Hunde. Ihr Dackel Robinson begleitete sie auch auf ihren nächtlichen Streifzügen.

Dorothy Parker schrieb mit zwei Fingern auf der Schreibmaschine, war aber technisch so unbegabt, dass sie einmal eine neue Maschine kaufte, als das Farbband alle war.

Sie gehörte zum literarischen Kreis, der sich ab 1919 jahrelang täglich im Algonquin Hotel in New York traf. Dorothy Parker führte ein Leben in der Öffentlichkeit. In der Gesellschaft von alten und neuen Freunden, die täglich in ihr Hotelzimmer zum Aperitif kamen, beim Mittagessen im Algonquin und im Theater fand sie die Themen für ihre Kurzgeschichten. Ihr eigenes Leben schimmert immer wieder durch, besonders beklemmend in *Eine starke Blondine*, in der eine Frau an viele falsche Männer gerät und ihre Einsamkeit im Whiskey ertränkt, bevor sie versucht sich umzubringen.

FÜNF WÖRTER SCHREIBEN UND SIEBEN VERÄNDERN

Über viele Jahre ihres Lebens hat Dorothy Parker in Hotels gelebt – oft ohne die Rechnung zu bezahlen. Das mag man als Zuhause bezeichnen, aber es ist und bleibt doch ein unpersönliches, möbliertes Hotelzimmer, in dem sie schrieb. Überall stapelten sich die Bücher, die sie ab 1958 für ihre Kolumne

im *Esquire* besprach. Dorothy Parker hat sich an Romanen und einem Krimi versucht, aber sie blieb die *Short-Distance-Writer*, als die sie sich selbst bezeichnete. Das mag mit ihrer Wohn- und Lebenssituation zusammenhängen. Sie verabscheute die Fantasie und hatte kein Talent, sich Charaktere auszudenken. Sie bildete lieber das Leben ab, da sie sah – und kommentierte es bissig.

Und immer kämpfte sie mit den Wörtern. Auch die Kolumne für *Esquire*, die ihr seit den 1930er Jahren zum erstenmal ein festes Einkommen garantierte (sie bekam sechshundert Dollar im Monat dafür!), war oft ein Martyrium. Ihr Alkoholkonsum machte ihr das Lesen schwer, und sie hasste das Schreiben. Wie paralysiert saß sie vor der Schreibmaschine, und in der Redaktion ging der Spruch, dass nicht einmal ein Kaiserschnitt sie dazu bringen würde, einen Abgabetermin einzuhalten. Trotz all dieser Schwierigkeiten rezensierte sie in fünf Jahren zweihundert Bücher. Aber andere Verlage fühlten sich um Vorschüsse betrogen, die sie einkassierte, ohne jemals eine Zeile abzuliefern.

»WIE FINDEN SIE DIE NAMEN FÜR IHRE FIGUREN?« — »TELEFON-BUCH UND TODESANZEIGEN.«

Dorothy Parker 1941 bei der Arbeit: Sie hat ein Blatt in die Maschine gespannt und liest eine Seite eines Manuskripts. Den Bleistift hat sie zwischen den Lippen, vielleicht um sich besser konzentrieren zu können. Die Nägel sind rot lackiert. In ähnlicher Haltung sehen wir sie zwei Jahre zuvor (Foto auf Seite 85). Sie scheint an einem Drehbuch zu arbeiten, zumindest sieht die aufgeschlagene Seite so aus. Und sie sieht alles andere als glücklich aus ...

> *»Wurde 1954 mit einem schmalen Roman berühmt, Bonjour Tristesse, der für einen weltweiten Skandal gesorgt hatte. Nach einem Leben und einem Werk, die genauso angenehm wie verpfuscht waren, war der Tod nur noch für sie selbst ein Skandal.«*

— FRANÇOISE SAGAN IN IHREM
EIGENEN NACHRUF

FRANÇOISE SAGAN

21. Juni 1935 – 24. September 2004

»DAS CHARMANTE MONSTER« — LE FIGARO

Bereits mit neunzehn Jahren berühmt werden, für einen Roman, den sie in zwei Monaten geschrieben hatte: das passierte Françoise Sagan. 1954 war sie die literarische Sensation in Frankreich und seitdem Dauergast in Nachtclubs, Spielcasinos und Klatschspalten. Man setzte nur zu gern das Leben der sexuell freizügigen Protagonistin aus *Bonjour Tristesse* mit dem der Autorin gleich.

1957 überschlug sie sich mit ihrem Auto und überlebte nur knapp. Sie litt unsägliche Schmerzen und begann Morphium zu nehmen. Zu ihrem verschwenderischen Lebensstil passte es, dass sie ihr zweites Buch im berühmten Hotel Carlton in Cannes schrieb.

Ihre Bücher zeigen die unbeschwerte Leichtigkeit der Bourgeoisie, vertrödelte Nachmittag an Mittelmeerstränden, ein Glas Champagner in der Hand.

Ein Jahr nach ihrem Unfall spielte Françoise Sagan Roulette im Casino von Deauville. Sie setzte auf die Acht und gewann achtzigtausend Francs. Sie

fuhr zurück in das Haus in der Nähe, das sie gemietet hatte, und kaufte es dem Besitzer ab. Das *Manoir du Breuil* in Équemauville lag versteckt und einsam in einem Wald und war genau das Gegenteil des Trubels, an den sie sonst gewöhnt war. Hier lebte sie mit Hund und Katze, Pferd und Esel. Zum Zeitpunkt ihres Todes hatte sie das Anwesen aufgeben müssen. Wegen Steuerhinterziehung war sie hochverschuldet, sämtliche Einnahmen aus ihren Büchern gingen an das Finanzamt.

Oben: Komplimentkarte der Autorin. *Unten:* An der Schreibmaschine.

NIE OHNE ZIGARETTE

Auf den Fotos von Françoise Sagan sehen wir eine perfekt inszenierte Mischung aus Wohlanständigkeit und Ruchlosigkeit. Das weiße Hemdblusenkleid, die züchtig übereinandergeschlagenen Beine, das großbürgerliche Dekor mit Armsesseln und Kamin, dazu jedoch die brennende Zigarette. Wie Zeugen berichteten, war der niedrige Lacktisch übersät mit den Brandlöchern der Zigaretten, die sie neben dem Aschenbecher ausdrückte. Gestrickte Twinsets, Perlenketten, Pumps und graue Röcke finden sich neben dem Glas Whiskey. In einer Fotoserie für *Life* gibt sie die junge Rebellin, die im Bett Schallplatten hört oder auf dem Boden liegend ihre Romane auf der Schreibmaschine schreibt.

Ihre Bilder wirken oft wie Illustrationen ihres Romantitels *Bonjour Tristesse*. Auf einem Foto hält sie die Hände derart unnatürlich über die Tastatur der Schreibmaschine, dass man sich fragt, wie sie so schreiben konnte.

*»Die Juden haben drei wahre
Genies hervorgebracht:
Christus, Spinoza und mich.«*

GERTRUDE STEIN
3. Februar 1874 – 27. Juli 1946

DIE MUTTER DER MODERNE

Gertrude Stein stammte aus einer wohlhabenden jüdischen Familie, die zwischen Europa und Amerika hin und her wanderte. Sie studierte Philosophie, fing dann ein Studium der Medizin und Psychologie an, das sie nach verpatztem Examen abbrach. 1903 kam sie nach Paris und bezog mit ihrem Bruder Leo eine Wohnung in der Rue de Fleurus in der Nähe des Jardin de Luxembourg. Ein Durchgang führte von der Straße an der Conciergeloge vorbei auf einen Innenhof. Hier lag rechter Hand ein eingeschossiger Pavillon, an den sich ein Studio anschloss.

In der Rue de Fleurus begann sie mit dem Sammeln von Bildern der modernen Maler. 1905 kaufte sie ihren ersten Matisse, ein Jahr später entstand ihr berühmtes Porträt von Picasso (vgl. S. 94), das auch hinter ihr auf dem Foto zu sehen ist. Die hohen Wände der Wohnung waren bis unter die Decke mit Gemälden bedeckt. In der Rue de Fleurus führte sie ihren Salon, zu dem sie Maler und Schriftsteller einlud. 1907 lernte sie Alice B. Toklas kennen, die ihre Lebensgefährtin, Sekretärin, Lektorin und Köchin wurde. 1929 mieteten die beiden ein Sommerhaus in Bilignin, das wiederum zum Treffpunkt wurde. Hier überwand Gertrude Stein ihre Schreibhemmung nach *Autobiographie von Alice B. Toklas*, ein Buch, das einen Skandal auslöste.

Gertrude Stein mit Alice B. Toklas.

Oben links: Gertrude Stein-Porträt
von Pablo Picasso, 1906.
Oben rechts: Gertrude Stein, 1903.
Links: In ihrem Studio, 1930.
Rechte Seite: Schreibend, 1920.

Vor dem Schreiben kam für Gertrude Stein die Beschäftigung mit der Malerei. Was für eine schöne Vorstellung: umgeben von Meisterwerken der Moderne selbst Kunst zu produzieren. Wie wichtig ihr die Bilder an den Wänden waren, zeigt folgende Anekdote: Nachdem ihr Bruder Leo einen Picasso gekauft hatte, den sie nicht mochte, beschwerte sie sich, das Bild würde ihr nicht nur den Appetit verderben, sondern sie auch am Schreiben hindern.

»ROSE IST EINE ROSE IST EINE ROSE IST EINE ROSE.«

In ihren experimentellen Texten, die von Wiederholungen leben und größenteils ohne Satzzeichen auskommen und wie ein mäandernder, hypnotisierender Gedankenfluss dahinklingen, lassen sich Maltechniken wiedererkennen. Ihre Texte sind oft ebenso aus kleinen Teilen zusammengesetzt wie die Bilder an ihren Wänden. Sie versuchte, den Kubismus auf die Sprache zu übertragen und diese ebenso zu revolutionieren, wie die Maler es mit ihren Bildern taten. Steins Bücher fanden nur schwer Leser, sie war lange Zeit als Förderin und Entdeckerin avantgardistischer Maler viel bekannter denn als Schriftstellerin. Um überhaupt veröffentlichen zu können, gründete sie 1931 ihren eigenen Verlag. Nebenbei: Ihre Handschrift soll so schlecht gewesen sein, dass

sie immer auf Freunde angewiesen war, die ihre Manuskripte für den Setzer abschrieben. Vielleicht ein weiterer Hinweis auf ihre unkonventionelle Art, mit Sprache umzugehen?

Gertrude Stein war unübersehbar, eine Erscheinung. Sie war schwer und massig, mit ihrem kurzgeschorenen Haar und den weiten Umhängen sah sie aus wie ein römischer Feldherr. Sie hielt mit ihrer Kritik an den Werken anderer Künstler, ob Maler oder Schriftsteller, nicht zurück. Sie ermutigte aber auch viele, unter ihnen Ernest Hemingway.

Erst nach dem Abendessen begann sie mit dem Schreiben und arbeitete bis in den frühen Morgen. Sie saß dabei in einer Art Mönchskutte an einem großen hölzernen Tisch in ihrem Atelier, umgeben von ihren Bildern.

»Bücher und Essen, Essen und Bücher,
beides ausgezeichnete Sachen.«

»Bin ich die Einzige, die einen unverhältnismäßig großen Teil ihrer Zeit damit verbringt, Dinge zu suchen?«

EDNA O'BRIEN

geb. 15. Dezember 1930

DIE LITERARISCHE STIMME IRLANDS

Edna O'Brien wünscht sich ein identisches Arbeitszimmer, genauso eines wie das, in dem sie arbeitet und das vollgestopft ist mit all den Erinnerungen, mit Fotos (von Samuel Beckett und James Joyce rechts und links auf dem Kamin), mit signierten Büchern, mit Kunstgegenständen, die ihr Freunde geschenkt haben, mit dem verschlissenen Teppich, mit den tausend Dingen, die ein Arbeitszimmer ausmachen. Diesen zweiten Raum möchte sie dann nur zum Spaß nutzen.

»Die Uhr tickt nicht, was mit sehr recht ist, denn ich kann keine Art von Lärm vertragen, wenn ich schreibe.« Deshalb versteckt sie das Telefon auch unter einem Schal – und deshalb kann sie es nicht finden, wenn sie es braucht.

Es gibt keinen Computer auf dem Schreibtisch aus Erdbeerholz. Edna O'Brien schreibt mit der Hand, und sie kann nicht verstehen, wie man mit den Tasten kreativ sein kann. Wenn sie mal wieder ein Buch sucht und es nicht finden kann, dann kauft sie ein weiteres Exemplar, und so kommt

es, dass es viele ihre Lieblingsbücher vier- oder fünfmal in den Regalen gibt. Spätnachts, im Schein des Kaminfeuers, nimmt sie sich eines dieser Bücher, das ihr zufällig in die Hände fällt, und beginnt zu lesen.

Auf etlichen Fotos von ihr ist ihr Blick unwirsch, prüfend, er bedeutet Ärger. Ärger machte sie von Anfang an, als sie sich gegen ihr katholisches Umfeld auflehnte. Die Klosterschule ließ sie sausen und ging stattdessen nach London. Hier las sie und beschloss, selbst zu schreiben.

Aus Schwäche Stärke machen.

CHRISTA WOLF
18. März 1929 — 1. Dezember 2011

STAATSDICHTERIN UND IM MARGARETE

Auch Christa Wolf pflegte ein Ritual beim Schreiben. Ihr war es wichtig, *wann* sie schrieb. Beginnend im Jahr 1960 führte sie jeweils am 27. September eine Art Tagebuch. Nicht der Ort oder die Umgebung für diesen Akt des Schreibens war wichtig, sondern der Zeitpunkt. Akribisch notierte sie die kleinen Dinge, die an diesem Tag passierten, und die jährliche Fleißaufgabe wurde für sie zu einer »Sucht«. Den letzten Eintrag verfasste sie in bereits leicht verwackelter Schrift wenige Wochen vor ihrem Tod auf dem Krankenbett. Im Jahr zuvor notierte sie folgenden Satz: »Ich wäre nicht mehr untröstlich, wenn ich nicht mehr schreiben würde.« Christa Wolf nutzte diese Tagebucheinträge als Erinnerungshilfen, sie geben aber gleichzeitig dem Leser Einblick in ihr privates Leben. Beispielsweise in die gelungene Ehe mit ihrem Mann Gerhard, der ihr erster und strengster Kritiker war.

Ihr berühmtestes Buch *Kassandra* wurde in den achtziger Jahren als Raubkopie in den Hamburger Studentenkneipen angeboten. Das schmälerte auf der einen Seite das Honorar von Christa Wolf, zeugte aber auch von ihrem Ruhm und der Wichtigkeit, die man ihrem Buch beimaß.

Wann beginnt der Vorkrieg? Wann gibt es erste Anzeichen für eine bevorstehende Trennung? Diese Fragen stellt sie in *Kassandra* und noch einmal in *Der geteilte Himmel*.

Christa Wolf wurde in Landsberg im heutigen Polen geboren. 1945 kam sie mit ihren Eltern nach Mecklenburg. Sie studierte in Jena und Leipzig, war Lektorin und Herausgeberin. Sie hat die politische Entwicklung der DDR kritisch begleitet. Die Veröffentlichung von *Nachdenken über Christa T.* wurde über Jahre verzögert, weil die Zensurbehörde den Roman nicht durchgehen lassen wollte. Kurz vor Erscheinen wurde erst die Auflage radikal verkleinert, dann das Erscheinen verboten – obwohl es in Westdeutschland bereits Exem-

plare zu kaufen gab. Erst nach drei Jahren kam das Buch auf den Markt. In dieser Zeit litt Christa Wolf unsäglich. 1976 protestierte sie gegen die Ausbürgerung von Wolf Biermann. 1989 trat sie aus der SED aus, und Ende des Jahres gehörte sie zu den öffentlichen Rednern, die eine Veränderung der DDR forderten. Allerdings wollte sie Reformen innerhalb der DDR und war gegen eine Vereinnahmung durch die Bundesrepublik.

Vorige Doppelseite: Christa Wolf an ihrem Arbeitsplatz in Berlin, aufgenommen im Jahr 1998 von Herlinde Koelbl. Dieser Raum sieht tatsächlich so aus wie ein Versteck oder wie eine Höhle. Die Wände bestehen aus Büchern, unter denen auch die Möbel beinahe verschwinden. Die Chaiselongue im Hintergrund scheint selten zum entspannten Lesen genutzt zu werden, man müsste erstmal die darauf abgestellten Sachen wegräumen.

Christa Wolf, 1963 (*oben*) und 1996 (*Bild rechte Seite*).

LEIDEN AM SYSTEM

In die Kritik geriet Christa Wolf, als bekannt wurde, dass sie zwischen 1959 und 1962 als IM für die Staatssicherheit gearbeitet hatte. Nach ihrem Tod wurde sie durchweg geehrt.

Christa Wolf fühlte sich dem System der DDR zugehörig, auch durch die vielen Funktionen und Ehrungen, die sie in diesem Staat erfuhr, aber sie hat sich nie den Mund verbieten lassen. Ihr Roman *Der geteilte Himmel* machte die deutsche Teilung am Beispiel einer Liebesgeschichte zum Thema, das war mutig.

In den Büchern von Christa Wolf begegnen wir Frauen, die »am System leiden«: die Seherin, der man nicht glaubt; die Frau, die nicht lieben darf; die andere, Karoline von Günderode, die Selbstmord begeht, der im totalitären System der DDR nicht vorgesehen war. Der Schluss liegt nahe, dass sie sich an diesem System reiben musste, um schreiben zu können. Tagebuchaufzeichnungen geben einen Einblick in den Alltag der Autorin und in ihren Wunsch, »mit diesen Blättern in mein Versteck zurückzukriechen«.

Fünftes Kapitel

SCHREIBEN IN DER EINSAMKEIT

> *»Bücher liegen in der Luft.*
> *Der Schriftsteller ist nur die*
> *Brücke zwischen dem Stoff*
> *und der Niederschrift.«*

MARGUERITE DURAS
4. April 1914 – 3. März 1986

ZUR EINSAMKEIT BESTIMMT

Eine Europäerin in Indochina, dem heutigen Vietnam, dort als jüngste Tochter eines französischen Lehrerehepaars geboren. Ein unglückliches Kind, das an der Unnahbarkeit der Mutter und der Boshaftigkeit des Bruders leidet. Eine Fünfzehnjährige, die in den Dreißiger Jahren des letzten Jahrhunderts eine leidenschaftliche Affäre mit einem doppelt so alten Chinesen beginnt. Eine Siebzehnjährige, die ihre Mutter verlässt, um in Paris zu studieren. Ein Mitglied der französischen Resistance und der Kommunistischen Partei, aus der sie hinausgeworfen wird, weil sie nicht linientreu ist. Eine radikale Neuerin der Literatur. Marguerite Duras ist eine Anarchistin, eine Exztrentrikerin, eine Ausbrecherin, die »Zweideutigkeit in Person«, wie sie sich selbst bezeichnet hat.

Die Fotos zeigen eine Intellektuelle. Viele große Ringe und klimpernde Armbänder, die nicht recht zu dem im Alter herben Gesicht mit der großen dunklen Brille passen wollen. Die Zigarette ist oft dabei. Auf einem Foto von

Boris Lipnitzki aus dem Jahr 1955 sitzt sie seitlich vor uns vor der Schreibmaschine. Wir sehen, wie klein sie war. Die Gauloise hält sie in
der ringgeschmückten Hand, sie brennt noch
nicht. Sie blickt hinter sich, sie sieht uns nicht
an. Sie ist von einer großen Präsenz, das flächi-
ge Gesicht leuchtet, sie wirkt viel jünger als vierzig. Die Schreibumgebung ist einfach, ein alter,
kleiner Tisch, eine alte Schreibmaschine,
es muss kräftezehrend sein, mit ihr die
Seiten zu füllen. Eine Lampe mit einem
einfachen Stoffschirm gibt Licht, wenn
das Tageslicht nicht mehr ausreicht, das
durch das Fenster in ihrem Rücken ins
Zimmer scheint.

Dieser Blick zurück, er scheint uns zu
sagen: Also gut, macht eure Fotos, aber
dann lasst mich in Ruhe arbeiten. Oder
er ist so etwas wie eine Selbstvergewisserung: Ist alles in Ordnung, ist alles
an seinem Platz? Ja? Sehr schön, dann kann ich mich jetzt an meine Arbeit
machen.

»DIESES HAUS IST DER ORT DER EINSAMKEIT.«

Von den Tantiemen zu *Heiße Küste* kaufte sie sich 1958 ein altes Haus in dem
kleinen Dorf Neauphle-le-Château, ungefähr zwanzig Kilometer südwest-
lich von Versailles gelegen. Der Ort bedeutete für sie Abgeschiedenheit und
gleichzeitig Nähe zu Paris. »Noch im Eingang habe ich gesagt, ja, ich kaufe das
Haus. Ich habe es auf der Stelle gekauft.« Mit den hellen Wänden und Stoffen
kommt das Haus heute wie in Sepia gemalt daher.

In einer Ecke des Esszimmers in diesem mit erlesenem Trödel vollgestell-
ten Haus hat sie ihren Schreibtisch aufgestellt. In dem Raum steht eine Anrichte mit einem bis zur Decke reichenden Aufsatz, der mit Nippes vollgestellt
ist. Auf dem Schreibtisch ein Durcheinander von Papieren, Blumen, ein Glas

*»In Trouville, da war der Strand, das Meer,
die Weite des Himmels, des Sandes, und
dennoch war da die Einsamkeit ... Trouville ist
die Einsamkeit meines ganzen Lebens.«*

Marguerite Duras an ihrem Schreibtisch, 1986.

mit Honig, das große Telefon gleich zu ihrer Linken. »Hier habe ich *Die Verzückung des Lol V. Stein* und *Der Vize-Konsul* geschrieben«, sagte sie. »Meine Bücher sind aus diesem Haus hervorgegangen.«

Für Marguerite Duras war ihr Haus in Neauphle ein Refugium, das sie über die Leiden ihrer Kindheit hinwegtröstete. In diesem Haus fand sie – nach der Einsamkeit des jahrelangen Wartens auf ihren Mann Robert Antelme, der in deutschen Lagern war und von dem sie nicht wusste, ob er zurückkehren würde – die selbstgewählte Einsamkeit. Und aus dieser absoluten Einsamkeit rettete sie nur das Schreiben, wie sie in einem Interview sagte.

Ihr letztes Lebensjahrzehnt verbrachte sie jedoch in Trouville in der Normandie. Das ehemalige Grandhotel Roches Noires wurde für sie ein Schreib- und Rückzugsort. Hier entstand ihr Bestseller *Der Liebhaber*, hier erlebte sie ihre letzte Liebe zu einem sehr viel jüngeren Mann.

»Eine Dostojewski mit
Humor und Charme.«

— NEW YORK REVIEW OF BOOKS

PATRICIA HIGHSMITH

19. Januar 1921 – 4. Februar 1995

DAS GLÜCK DES SCHREIBENS

Energisch, beinahe verbissen hackt sie auf ihre Schreibmaschine ein. Der Mittelfinger der rechten Hand ist vorgestreckt, schwebt über der Tastatur, gleich wird er niederstoßen und mit aller Kraft die Taste der mechanischen Maschine hinunterdrücken. Die filterlose Zigarette wird von den Lippen gehalten und zusammengepresst.

Hier leistet jemand Schwerstarbeit in einer Umgebung, die nichts Nettes oder Liebliches hat. Über dem Kopf von Patricia Highsmith sieht man die Dachschräge, der Bildausschnitt zwängt sie ein. Auch auf dem Sekretär, der rechts und links Seitenwände hat, ist kein Zentimeter Platz übrig. Er reicht gerade für die Schreibmaschine und ein paar Briefe oder Zettel, die hochkant in einem Halter stecken. Die Tür zu diesem fast ein wenig trostlos wirkenden Arbeitszimmer steht offen, eine alte, ausgebeulte Jeans hängt daran an einem Haken.

EINE SCHRIFTSTELLERIN, DIE SICH SELBST GENÜGT

Hier schreibt eine, die auf eine beinahe verletzende Art nichts braucht, die sich genügt. Genau wie die Katzen, die ihre ständigen Begleiterinnen waren. Auch sie wenden sich manchmal ab und kehren uns demonstrativ den Rücken zu.

Patricia Highsmith nimmt eine merkwürdige Haltung vor ihrer Schreibmaschine ein: Sie sitzt gebeugt davor, den Rücken gekrümmt, den Kopf nach unten geneigt. Ihre Biografin Joan Schenkar wählte das Wort von der Schnecke. Es trifft auf beides zu, auf den Sekretär mit dem Rollladen und auf die Autorin.

Patricia Highsmith beim Schreiben, 1976.

Patricia Highsmith mit 21 Jahren.

Allerdings brauchte die Autorin das Schreiben, um glücklich zu sein. Dem Schreiben wurde alles untergeordnet: Freunde, Besuche, Reisen. »Es ist Individualität, es ist das Glück des Schreibens, das sich eigentlich gar nicht schildern lässt, das man nicht in Worte fassen und an einen anderen weitergeben kann, damit er es mit einem teile oder es benutze.«

Den Entwurf vom ersten Ripley-Roman warf sie nach fünfundsiebzig Seiten weg, weil er zu bequem war. Sie schrieb den Text neu, »auf dem Rand meines Stuhls« sitzend, um die Unruhe, die Spannung, in der sie selbst sich befand, auf den Roman und seine Hauptfigur übertragen zu können.

Patricia Highsmith war sehr menschenscheu und gab kaum Interviews, deren Verheerungen sie mit einem Autounfall verglich. Je älter sie wurde, um so exzentrischer und unleidlicher wurde sie. Seit 1963 lebte sie in Europa, wo ihre Bücher sich um ein Vielfaches besser verkauften als in ihrer Heimat Amerika. Ihre Stationen waren England, Moncourt in Frankreich, südlich von Paris, und das Tessin. Sie machte die Überfahrt oft mit einem Frachter und nahm dabei immer ihre Schreibmaschinen mit. Sie stand auf der Liste für den Nobelpreis, der dann an Nadine Gordimer ging.

Patricia Highsmith war eine strenge Arbeiterin. Nach dem Frühstück fing sie an und schrieb sieben, acht Stunden. »Ich arbeite langsam, bin eine Perfektionistin. Ich versuche, hintereinander acht Seiten zu schreiben, aber oft sind es weniger. Wenn ein Buch fertig ist, überarbeite ich es vollständig, und das zwei- oder dreimal.« Zwischendurch machte sie eine Pause, hörte Musik oder las.

Vielleicht braucht es eine derart nüchterne Umgebung, um Morde zu beschreiben und Abgründe der Seele auszuleuchten.

In den Thrillern von Patricia Highsmith gibt es keine moralische Instanz, keinen Kommissar, der den Mörder sucht, findet und seiner Verurteilung zuführt. Oft kommen ihre Mörder davon und morden weiter, ohne Skrupel. Vielleicht ist das das Unheimliche, Beklemmende an ihren Stoffen: Die Schuldigen werden nicht bestraft, ein Verbrechen bleibt ungesühnt – und wir als Leser ahnen, dass jeder von uns theoretisch zum Mörder werden kann.

Auch ihre berühmte Hauptfigur Tom Ripley ist einem Zufall zu verdanken. Eines ganz frühen Morgens sah die Autorin in Positano an der Amalfiküste einen Mann am einsamen Strand entlanggehen. Er ging ihr nicht mehr aus dem Kopf und wurde Vorbild für den diabolischen Mörder, der seinen reichen Freund umbringt, um in seine Haut zu schlüpfen.

*»Eine Schriftstellerin
ist jemand, die sich für
alles interessiert.«*

SUSAN SONTAG
16. Januar 1933 – 28. Dezember 2004

ERSTER POPSTAR DER LITERATURKRITIK

W ährend ich diese Zeilen schreibe, sitze ich in einem winzigen
Zimmer in Paris, auf einem Korbstuhl, an einem Schreibma-
schinentisch, vor einem Fenster, das auf einen Garten hinaus-
geht ... Dass ich nun seit über einem Jahr in diesem kleinen, kahlen Quartier
lebe und arbeite ..., entspricht zweifellos irgendeinem Bedürfnis nach Einfach-
heit, nach einer zeitweiligen Klausur, nach einem neuen Anfang mit mög-
lichst Wenigem, auf das man zurückgreifen könnte.«

Das schrieb Susan Sontag Anfang der siebziger Jahre. Mit drei Jahren
hatte sie angefangen zu lesen und hörte nie wieder auf. Mit sechs las sie eine
Biographie über Marie Curie und wollte Chemikerin werden. Zur europäischen Literatur und zu europäischen Schriftstellern fühlte sie sich hingezo-
gen. Viele von ihnen, wie Walter Benjamin, Elias Canetti, Jean-Paul Sartre
oder Roland Barthes, machte sie in Amerika bekannt. Ihre jüdisch-europä-
ische Herkunft regte die Faszination für die deutsche Sprache an. Sie arbeitete

und las ständig, ging mehrmals am Tag ins Kino oder ins Theater. (Wie macht man das mit einem Kleinkind?)

Das Foto unten zeigt sie in entspannter Haltung, mit einem Lächeln vor ihrer Schreibmaschine. Die Regale hinter ihr sind mit Nachschlagewerken bestückt, die Bücher noch nicht so zahlreich wie später. Die Marlboro steckt auf einer Zigarettenspitze, die geblümte Tasse Kaffee oder Tee vermittelt eine gemütliche Arbeitsatmosphäre, ebenso wie die Reiseandenken und anderen Nippesgegenstände.

Susan Sontag an ihrem Schreibtisch, 1972.

»Wenn ich nachts um vier wach liege,
stelle ich Anthologien zusammen.«

EINE MEISTERIN DER SELBSTINSZENIERUNG, DIE SICH SELBST ERFAND

So beschrieb sie ihr Biograf. Gehörte die silberne Haarstähne in dem ansonsten schwarzen Haar dazu? Wann tauchte sie auf?

Wie Hannah Arendt war Susan Sontag eine Intellektuelle, unerbittlich und nicht zu Kompromissen bereit, auch wenn es schmerzlich wurde. Als sie nach dem Terroranschlag vom 11. September 2001 ihre Landsleute aufrief, nicht in allgemeine Dummheit zu verfallen, distanzierten sich sogar Zeitungen wie der *New Yorker* von ihr. Aber auch das macht Intellektualität aus: Meinungen zu revidieren, wenn man sie als falsch erkennt. In ihrem Essay *Über Fotografie* sprach sie diesem Medium Ende der siebziger Jahre die Kunst ab. Und sie ließ sich nicht gern fotografieren, weil sie der Meinung war, dass »Menschen fotografieren ihnen Gewalt antun« bedeutete. Später revidierte sie diese These. Immerhin war sie mit der Fotografin Annie Leibovitz liiert.

Susan Sontag heiratete mit siebzehn, war mit neunzehn schwanger, mit sechsundzwanzig geschieden und ging nach Paris. Sie bekannte sich zu ihrer Homo- oder Bisexualität. Ihr wurde eine Beziehung mit Jeanne Moreau nachgesagt, ebenso, dass ihr Sohn David der Vater von Annie Leibovitz' Tochter sein sollte. Doch über ihr Privatleben schwieg sie.

IN KALTES WASSER SPRINGEN

Die Bibliothek in ihrer New Yorker Wohnung war eine der größten privaten Sammlungen. Ganze Regale waren allein mit Literatur aus Japan gefüllt.

Schreiben war für Susan Sontag wie in kaltes Wasser springen: Am Anfang traute sie sich nicht, dann war sie plötzlich drinnen und dann wollte sie nicht wieder heraus. So beschrieb sie es in einem Radio-Interview 2004 und nahm damit vielleicht das Wort von Nathalie Sarraute wieder auf, die sagte: »Schrei-

ben ist wie ins Leere springen.«

Sie schrieb unstrukturiert, nicht nach einem festen Zeitplan. Aber wenn das Schreiben sie gepackt hatte, dann tat sie nichts anderes. Sie schrieb mit einem Filzstift oder einem Bleistift auf gelbem oder weißem Papier, weil sie die Langsamkeit mochte. Dann schrieb sie den Text mehrfach ab, um ihn zu korrigieren. Später landete der zweite oder dritte Entwurf im Computer.

Zum ersten Mal erkrankte Susan Sontag mit vierzig Jahren an Krebs. Sie schrieb ein Buch darüber, *Krankheit als Methapher*. Als der Krebs zurückkam, war sie siebzig. Diesmal siegte die Krankheit.

*»Ich lebe mit den Menschen,
die ich erschaffe, und das
hat meine eigene Einsamkeit
immer abgemildert.«*

CARSON McCULLERS

19. Februar 1917 – 29. September 1967

DER UNBEDINGTE WILLE ZU LEBEN UND ZU SCHREIBEN

Ein berühmtes Foto zeigt die Autorin in schneeweißer Bluse mit ge-
stärkten Manschetten und Kragen, züchtig bis oben geschlossen. Sie
sieht dem Betrachter ins Gesicht, auf eine Weise, die in ihrer Intensi-
tät und Offenheit beinahe schmerzhaft ist. Diesem Blick kann man nicht entkommen. Das Foto hat noch aus einem anderen Grund etwas Irritierendes:
Trotz der unschuldigen weißen Bluse wirkt Carson McCullers provozierend:
Wir spüren auch den prüfenden Blick aus den unglaublich dunklen, riesigen
Augen. Die über den Kopf erhobenen Arme und der sehr kurze, wie mit dem
Lineal geschnittenen Pony, die Diagonale von den dunkelrot geschminkten
Lippen über die energische Nase bis zur filterlosen Zigarette über dem Kopf
konterkarieren das Bild von harmloser Nettigkeit sofort, kaum dass es sich
auf den ersten Blick eingestellt hat. Auf anderen Fotos sieht man gut, dass das
weiße Hemd Teil einer Kleidung ist, zu der eine Männerhose, karierte oder
weiße Socken und Schnürschuhe gehören.

Carson McCullers wurde als Lula Carson in Georgia geboren. Sie wollte anfangs Pianistin werden, entschied sich dann aber für die Schriftstellerei. Als sie siebzehn Jahre alt war, ging sie nach New York und stürzte sich in das literarische Leben. Mit dreiundzwanzig veröffentlichte sie *Das Herz ist ein einsamer Jäger*, das Buch, das sie be-

rühmt machte. Das Foto aus der *Vogue* vom September 1940 wurde auch in den Buchhandlungen gezeigt. Das stark gestellte Motiv von der pausbäckigen jungen Frau, die sich auf einige Exemplare ihres Romans stützt, sollte die Leser neugierig machen. Wie konnte eine derart junge, unbekümmerte Frau einen so ernsten Roman schreiben?

»*Alles was sie ausmachte war der
unbedingte Wille am Leben zu bleiben.
Zu leben und zu schreiben.*«

— MARY MERCER

In ihren Büchern spüren wir die Verlorenheit und die Gnadenlosigkeit des amerikanischen Südens. Wir treffen die Außenseiter, die
Einsamen, die, mit denen das Leben es nicht gut
meint.

Ihre Ehe mit James Reeves McCullers ist
zerstörerisch. Er ist eifersüchtig auf ihre große
Liebe zu Annemarie Schwarzenbach (vgl. S. 134)
und fälscht ihre Unterschrift auf Schecks. Die beiden neigen dem Alkohol zu,
sie lassen sich scheiden und heiraten erneut. 1953 will er sie zum gemeinsamen
Selbstmord überreden. Carson McCullers flieht, er bringt sich um.

EIN SCHWERES SCHICKSAL

Das Foto unten zeigt die Autorin bei der Arbeit. Die Umgebung ist karg und
arbeitsam. Zigaretten und der Tee, mit Sherry aufgegossen, dürfen nicht fehlen. Der große Stapel unbeschriebenes Papier im Vordergrund lässt darauf
schließen, dass Carson McCullers noch viel vor hatte.

Bereits als Teenager litt sie an rheumatischem Fieber. Zeit ihres Lebens
war sie von schwacher Gesundheit. 1941 bekam sie ihren ersten Schlaganfall,
der sie zeitweise erblinden ließ. Die letzten zwanzig Jahre ihres Lebens litt sie

an einer linksseitigen Lähmung,
daher ist sie auf vielen Fotos mit
einem Stock zu sehen.

Sechstes Kapitel

IN DER WELT
ZU HAUSE

*»Niemals habe ich gedacht,
ich bin ein Schriftsteller ...
Es kam von allein.«*

NATHALIE SARRAUTE

18. Juli 1900 – 19. Oktober 1999

ARGWOHN AN DER STELLE VON EINDEUTIGKEIT

Nathalie Sarraute vagabundierte über Jahre durch Europa, bis sie endlich eine Heimat fand. Als Kind wurde sie hin und her gerissen zwischen ihrem Vater in Russland und der Mutter in Paris und Genf, die beide neue Partner hatten. Sie nomadisierte zwischen den Sprachen Russisch, Französisch und Deutsch. Nicht einmal ihren Namen behielt sie. Eigentlich hieß sie Natascha Tscherniak, und als sie sich, weil sie Jüdin war, vor den Nazis verstecken musste, nannte sie sich Nicole Sauvage.

Aus dieser Uneindeutigkeit heraus kann man keine linear erzählten Geschichten schreiben, in denen sich am Ende alles in Harmonie auflöst. Nathalie Sarrautes Romane verlassen die bekannten, realistischen Erzählmuster, es gibt keine Hauptfiguren, keinen Plot, den man erzählen könnte. Stattdessen zeichnet sie das Unbewusste nach. Ihre neue Art zu Schreiben begründete den *Nouveau Roman*.

Auf vielen ihrer Fotos ist ihr Blick nach innen gerichtet. So, als würde sie ihrem
eigenen Unterbewussten lauschen, um es dann aufzuschreiben.

Jahrzehntelang hatte die Autorin sehr feste, wenn auch ungewöhnliche Schreibgewohnheiten: Jeden Morgen von Viertel nach neun bis Viertel nach zwölf ging sie in ein lärmendes, von Libanesen besuchtes Café in der Nähe ihrer Wohnung in Paris, um dort an einem Ecktisch zu rauchen und zu schreiben, umgeben von dem Stimmengewirr von Menschen, deren Sprache sie zum Teil nicht verstand. Sie schrieb sehr langsam in ein Schreibheft. Sämtliche ihrer Bücher sind hier entstanden. Zu Hause konnte sie nicht schreiben, denn da waren die Kinder und die Klienten ihres Mannes, der Rechtsanwalt war, und die willkommenen Ablenkungen, das Telefon etwa oder wenn sie etwas suchte oder sich eine Tasse Tee machte. »Schreiben ist wie ins Leere springen, und in einem Café springst du einfach.« So formulierte sie ihr Credo neun Jahre vor ihrem Tod.

Es gibt kaum Fotos von ihr, die sie mit Zigarette zeigen, und dennoch brauchte sie den Tabak, um zu arbeiten. Im Alter versuchte sie ihren Konsum einzuschränken, indem sie die Zigarette unangezündet im Mund hielt.

DIE WELT BLEIBT HINTER DEM VORHANG

Dieses Foto ist zu Hause entstanden. Aber es zeigt eine Besonderheit, die auf mehreren Fotos zu erkennen ist: Hinter der Autorin sieht man einen geschlossenen, dunklen Vorhang aus dickem Samt. Sogar ein Gemälde hängt an Schnüren von der Decke, was darauf hinweist, dass dieser Vorhang ständig vorgezogen war. In dieser Wohnung lebte sie sechzig Jahre lang. Hier zog sie sich komplett zurück, sperrte sogar das Tageslicht und die Umgebung aus, obwohl der Blick auf den Eiffelturm ging. Hier schrieb sie nach dem Tod ihres Mannes, als die Wohnung still war und als ihr die täglichen Gänge ins Café zu anstrengend wurden.

ANNEMARIE SCHWARZENBACH

23. Mai 1908 – 15. November 1942

DIE UNHEILBAR REISENDE

Ihre Herkunft aus einer Familie von Großindustriellen und Generälen, die Wagner und Hitler liebten, machte ihr zu schaffen. Ständig musste sie sich gegen ihre dominante Mutter wehren. Als Kind spielte sie lieber mit ihren Brüdern als mit Puppen. Und sobald sie schreiben konnte, war dies das Mittel, um sich zeitweise der Umklammerung durch die Mutter zu entziehen und ihre Gefühle auszudrücken. Annemarie Schwarzenbach studierte Geschichte in Zürich und Paris. Sie wollte Schriftstellerin werden. Auch als das Schreiben ihr Beruf geworden war, blieb die heilende Wirkung, wie sie in einem Brief an Erika Mann im August 1931 schrieb: »Begreifst du es, E-Liebling, dass die *Möglichkeit* zu arbeiten zugleich Ernst, Würde, und Glück des Daseins garantiert? Dass man eine gute Seite schreibt, hat doch keinen ersichtlichen Zusammenhang mit Streit, Sorgen und Irrsinn und bietet gar keinen Trost: Aber wenn man sie geschrieben hat, ist man getröstet und geht man eitel-erhoben seines Weges.«

1930 lernte sie Erika und Klaus Mann kennen und verliebte sich in Erika. Die Familie Mann in München wurde so etwas wie ihre Adoptivfamilie.

Im Herbst 1931, bei einem Aufenthalt in Berlin, machte Annemarie Schwarzenbach erste Erfahrungen mit Morphium. Die Folge waren eine lebenslange Sucht und zahlreiche fehlgeschlagene Entziehungskuren.

Im Oktober 1933 startete sie die erste ihrer vielen Reisen, die sie um die ganze Welt führen sollten. Die ausgedehnten Reisen sind als Fluchtpunkte zu verstehen, um sich nicht mit der Familie, die mit Hitler sympathisierte,

»Ich lebe nur, wenn ich schreibe.«

überwerfen zu müssen. Annemarie Schwarzenbach fuhr viermal nach Persien, viermal in die USA, wo sie Fotos von den heruntergekommenen Industriestädten im Norden und dem Elend des Südens machte. Sie bereiste Europa, fuhr nach Moskau und kurz vor ihrem Tod nach Afrika. 1939 brach sie mit der Ethnologin und Reiseschriftstellerin Ella Maillart im eigenen Ford von Genf nach Afghanistan auf, um dort von den Drogen loszukommen – ohne Erfolg.

1940 in New York hatte sie mehrere psychotische Schübe und unternahm einen zweiten Selbstmordversuch. Sie kam zwangsweise in eine psychiatrische Massenklinik, eine traumatische Erfahrung. Ihrem Bruder gelang es, ihre Entlassung zu erwirken, unter der Bedingung, dass sie die Staaten sofort verließ. Ende Februar 1941 war sie wieder in Europa. Im September 1942 stürzte sie vom Fahrrad und verletzte sich schwer am Kopf. Man traktierte sie mit Elektroschocks. Trotz ihres Zustandes versuchte sie zu schreiben. Sie starb einige Wochen später.

Für Annemarie Schwarzenbach gehörten Reisen und Schreiben untrennbar zusammen. Sie wurde nur vierunddreißig Jahre alt, und einen großen Teil ihres Lebens verbrachte sie unterwegs, in einem ihrer Autos, einem Mercedes-Mannheim oder einem Ford Cabrio, in einem Zelt, auf dem Rücken eines Esels ... Und wo sie auch war, da schrieb sie, und ihr Schreibthema, das war die Fremde, das Reisen. Wer dreihundert Reisereportagen, daneben Romane, Gedichte, Briefe, Rezensionen schreibt und siebentausend Fotos macht, der muss wohl mit dem Papier oder der Schreibmaschine auf den Knien schreiben, unterwegs und überall. Ihre Reportagen beginnen oft mit Sätzen, die sofort in das Thema, den Ort, die Situation hineinspringen. »In einer halben Stunde, um Viertel vor sechs Uhr, kann ich das Radio einstellen ...« »Man weckte mich in meinem Hotel in Damaskus um halb drei Uhr ...« Solche Passagen vermitteln den Eindruck, dass sie vor Ort geschrieben, zumindest konzipiert wurden.

KONZENTRATION UND ERINNERUNG

Das Foto links zeigt sie schreibend an einem Tisch im Jägerhaus in Sils, das sie nach ihrer Rückkehr aus Afghanistan gemietet hatte. Tief beugt sie sich über

das Blatt Papier, sie schreibt gerade, ist inmitten eines Schaffensprozesses. Sie scheint nicht zu bemerken, dass der Moment festgehalten wird. Wo sind die Reisemitbringsel, die Erinnerungsstücke, die ihr helfen, von den Reisen zu berichten? Hat sie alles im Kopf? Beruft sie sich auf die vielen Tausenden von Fotos?

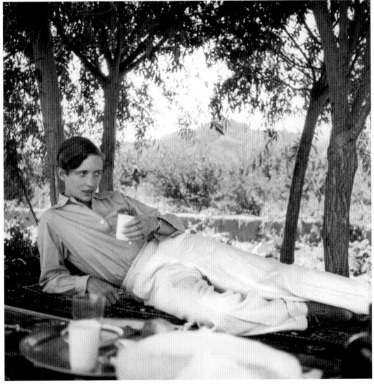

»Ich schreibe eine Geschichte immer in einem Guss. Ich fing mit Blühender Judasbaum um sieben Uhr abends an, und um halb zwei in der Nacht stand ich an einer windigen Ecke im Schnee und warf das Manuskript in den Briefkasten.«

KATHERINE ANNE PORTER

15. Mai 1890 – 18. September 1980

DIE RUHELOSE SCHRIFTSTELLERIN

Katherine Anne Porter gehört zu denen, die durch die Weltgeschichte geworfen wurden. »Ich möchte in einer Welthauptstadt leben oder in der absoluten Wildnis«, hat sie gesagt und sich daran gehalten. Nach dem frühen Tod der Mutter kam sie zur Großmutter, eine Südstaatenlady, als diese starb, zu anderen Familienmitgliedern. Mit sechzehn heiratete sie, um der Situation zu entkommen und vielleicht auch eine echte Familie zu finden. Doch ihr Mann vergötterte und schlug sie abwechselnd. Er war der erste von fünf Ehemännern. Sie hätte gern Kinder gehabt, hatte aber mehrere Abtreibungen und eine Totgeburt. Ihre Ruhelosigkeit führte Katherine Porter nach Mexiko, New York, Kalifornien, die Bermudas und Paris, wo sie als freie Schriftstellerin und Journalistin arbeitete.

1962 erschien ihr Roman *Das Narrenschiff*, der eine Schiffsreise von Veracruz, Mexico, nach Bremerhaven schildert, eine Reise, die sie Anfang der dreißiger Jahre selbst unternommen hatte. Das Schiff und die Passagiere bilden dabei einen Mikrokosmos ganz unterschiedlicher Personen. Der Roman und der darauf basierende Film machten sie wohlhabend. 1966 erhielt sie den Pulitzerpreis und den National Book Award für ihre Kurzgeschichten. Und die amerikanische Post widmete ihr eine Briefmarke.

Das Haus der Großmutter in Kyle, Texas.

Das Schreiben war die Konstante in ihrem Leben. Katherine Porter begann damit, sobald sie Wörter zu Papier bringen konnte. Sie habe diese Berufung nicht gewählt, dennoch sei sie bereit, dafür zu leben und zu sterben, sagte sie. Und in einem Interview von 1963 gab sie zu, dass Schreiben und ein bürgerliches Leben mit Ehemann und Kindern nicht gut zusammengingen.

Das wichtigste war aber, dass Katherine Anne Porter ohne Unterbrechungen schreiben konnte. Ohne Telefon, ohne Besucher, wie ein Eremit. Am liebsten am frühen Morgen, nach einem schwarzen Kaffee. Dann arbeitete sie, bis die Quelle versiegt war, und wartete bis zum nächsten Morgen ...

In der Zwischenzeit backte sie vielleicht Kuchen. Das Foto links beweist, dass auch eine Schriftstellerin, die sehr viel Wert auf elegante Garderobe und teuren Schmuck legt, ab und zu in der Küche steht.

*»Irgendein stilles Fleckchen
Erde, wo man in Ruhe
arbeiten kann.«*

MARGUERITE YOURCENAR

8. Juni 1903 – 17. Dezember 1987

DIE DICHTER-HISTORIKERIN

Ihre Mutter starb im Kindbett, der Vater zog sie auf, ein nimmermüder Reisender, der sie überallhin mitnahm, der sie auf einer Bank vor dem Casino warten ließ, während er das Familienvermögen verspielte. Er gab ihr einen seiner eigenen Texte und forderte sie auf, ihn zu beenden. So begann ihr Leben als Schriftstellerin. Bis zu ihrem siebenunddreißigsten Lebensjahr lebte sie beinahe ausschließlich in Hotelzimmern und aus Koffern!

Als ihr Vater an Krebs starb, war Marguerite sechsundzwanzig Jahre alt und verzweifelt. 1937 lernte sie in Paris die Amerikanerin Grace Frick kennen und besucht sie im Winter in New Haven. Im selben Jahr übersetzte sie *Die Wellen* von Virginia Woolf. 1939 ging sie endgültig mit Grace Frick nach Amerika, und hier endete ihr kosmopolitisches Nomadenleben. Bis zu ihrem Tod würden die beiden zusammenbleiben. Nach der Befreiung von Paris stellte sich für sie die Frage der Rückkehr nach Frankreich, in ihren Sprach- und Kulturraum, den sie schmerzlich vermisste.

Sie blieb in Amerika. 1950 kauften sie und Grace Frick Petite Plaisance, ein Haus aus weißgestrichenem Holz mit einem großen Garten und einer Veranda auf der Insel Mount Desert, nahe der kanadischen Grenze. Hier kam Yourcenar, die immer Schwierigkeiten mit ihrer neuen Heimat hatte, zur Ruhe und zum Schreiben. Sie fand ein zwanzig Jahre altes Manuskript wieder und schrieb es weiter. Es entstand *Ich zähmte die Wölfin*, ihre große fiktive Biographie von Kaiser Hadrian.

Mit ihren Hauptfiguren ging sie um wie mit lebenden Menschen. So trug sie beispielsweise den (fiktiven) Geburtstag von Xenon aus *Die schwarze Flamme* in ihrem Kalender ein.

ÜBERALL SCHREIBEN

Petite Plaisance füllte sich mit Büchern und mit Reiseerinnerungen. Marguerite Yourcenar blieb jedoch die rastlos Reisende. Die Wintermonate verbrachte sie in Europa. Sie wird beschrieben als jemand, der überall schreiben und sich konzentrieren konnte: in einem Hotelzimmer, im Nachtzug oder in der Kabine eines Ozeandampfers. Sie stellte in ihrem Kopf eine »Leere« her, die sie dann mit ihren Stoffen und Figuren füllte. Auch ihr *Hadrian*-Roman entstand so: Sie schrieb im Zug, auf dem Weg zu ihren Vorlesungen, ohne irgendein Dokument zur Hand zu haben. »Manchmal, bevor ich mich an die Arbeit machte, schrieb ich ein oder zwei Stunden lang griechisch, um mich Hadrian zu nähern.«

Als Grace Frick an Krebs erkrankte, musste Yourcenar ihre Reisen für die nächsten neun Jahre einschränken, um bei ihr zu sein. Nach Graces Tod 1979 nahm sie sie wieder auf. Und sie verliebte sich noch einmal, in einen vierzig Jahre jüngeren

Homosexuellen, der ebenfalls vor ihr starb. 1980 wurde sie als erste Frau in die Académie Française aufgenommen. Es musste extra ein Kostüm für sie entworfen werden, denn die ausschließlich männlichen Mitglieder trugen bisher Hosen und einen Degen.

Auf einem der Fotos sitzt sie am Schreibtisch in ihrem Arbeitszimmer. Im Bildvordergrund sieht man eine zweite Schreibmaschine, an der Grace Frick saß und arbeitete. Zwischen beiden ist gerade noch Platz für eine gläserne, flache Schale, in der Stifte und Büroutensilien liegen. Die beiden Frauen waren sich auch während der Arbeit sehr nahe. Grace Frick war Yourcenars Haushälterin, Sekretärin, Lektorin. Yourcenar sieht den Fotografen an, eine

freundliche, ältere Frau, die sich keine Mühe gibt, nicht wie eine alte Frau zu wirken: die gedeckten Farben der Seidenbluse, das graue Haar, das Perlenarmband und der Siegelring. Die Ellenbogen sind aufgestützt, die Finger ineinander verschränkt. Sie liegen nicht auf den Tasten, es ist auch kein Bogen in die Maschine gespannt.

Diese Pose findet sich auf mehreren Abbildungen der Autorin. Sie schreibt nicht im Moment der Aufnahme, vielleicht braucht sie beim Schreiben doch ihre Ruhe und kein Blitzlicht. Auf dem Schreibtisch findet sich das übliche Durcheinander: Papiere, Zettelkästen, Stifte, und rund herum stehen Bücherregale.

IN DER KÜCHE

Während derselben Fotositzung wurde ein anderes Bild gemacht. Diesmal sitzt Yourcenar in ihrer fliederfarbenen Bluse in der Küche. Auch die Küche hat etwas leicht Antiquiertes an sich. Die Zinktöpfe hängen nach Größe sortiert an der Wand, die passenden Deckel an der Wand gegenüber. Auf der Anrichte stehen Gläser, gefüllt mit Vorräten. Ein alter Herd mit offenem Feuer, Tonkrüge, ein riesiger Wasserkessel und links am Bildrand ein offenes Regal, aus dem Verpackungen und Pappe quellen. In dieser Szenerie sitzt die Autorin an einem Tisch, der viel zu klein ist, um daran zu essen, und auf dem zudem eine große Schale mit Äpfeln steht. Zu ihren Füßen liegt der Hund. Ein seltsames Foto, weil der Ort ungewöhnlich wirkt für eine Intellektuelle. Irgendwie passt Yourcenar nicht hierher. Sie hat zwar gekocht, und wohl nicht schlecht (wo sie das wohl während ihres unsteten Lebens gelernt hat?), aber Grace Frick putzte das Gemüse.

»Marguerite Yourcenar gehörte zu den Menschen,
die überall allein und problemlos leben können, solange sie
eine geistige Arbeit vor sich haben. An ihrem Arbeitstisch
hatte sie nie das Gefühl der Verlassenheit.«

— JOSYANE SAVIGNEAU

*»Wie charakterisieren Sie
Ihre politische Rolle heute?«
»Dissidentin!«*

MARY McCARTHY

21. Juni 1912 – 25. Oktober 1989

»DIE VIELLEICHT GESCHEITESTE FRAU, DIE AMERIKA
JE HERVORGEBRACHT HAT« — ESQUIRE

Ein Zwei-Zimmer-Appartement in Paris, an der noblen Avenue Montaigne, in der Nähe der Champs-Élysées. Hier wohnte Mary McCarthy im Winter 1961, arbeitete an ihrem Roman *Die Clique* und gab der *Paris Review* ein ausführliches Interview. Die Wohnung ist sonnig, nicht zu groß, mit Fenstern bis zum Boden, die offen stehen und die Frühlingsluft hereinlassen. Ein Tisch dient als Ess- und Arbeitstisch, eine Lampe steht darauf, einige Bücher und Papiere und eine abgenutzte Reiseschreibmaschine. Eine enorme Azalee blüht in rosa auf dem Balkon, eine Strauß Rosen steht auf einem kleinen Tisch. Mary McCarthy bewegt sich auf eine unnachahmlich elegante Art und Weise und formuliert ihre Antworten ohne große Gesten, aber voller Energie und Überzeugung. Ab und zu macht sie eine Handbewegung, als wollte sie den gerade gesagten Satz ausstreichen, und formuliert ihre Antwort neu.

Die berühmte Fotografin Gisèle Freund hat
Mary McCarthy drei Jahre später an ihrem
Schreibtisch in Paris fotografiert (Bild unten).
Die amerikanische Autorin hatte da bereits
ihren Erfolgsroman *Die Clique* veröffentlicht,
in dem sie stark autobiografisch gefärbt von
einer Gruppe Mädchen in einem College be-
richtet. Zu der Zeit lebte sie mit ihrem drit-

ten Mann abwechselnd in Frankreich und Amerika. Auf diesem Bild fehlt
die Schreibmaschine, aber alles andere ist da: die Helligkeit des Raumes, die
Arbeitsatmosphäre, die schöne, disziplinierte Frau bei der Arbeit, deren Hände sich voller Eleganz bewegen.

In dem Interview mit der *Paris Review* hat Mary McCarthy erzählt, was für eine Situation sie zum Arbeiten benötigt: einen freundlichen, friedlichen Ort mit gutem Licht. Sie schreibt meistens von neun Uhr morgens bis zwei Uhr nachmittags. Und sie geht niemals zum Mittagessen außer Haus. Das bezeichnet sie als beste Regel, die sie je für sich aufgestellt hat.

WER ZWISCHEN ALLEN STÜHLEN SITZT, HAT ES UNBEQUEM

Mary McCarthy durchlief nach dem Tod ihrer Eltern, die beide an der Spanischen Grippe starben, als sie sechs Jahre alt war, eine katholische, jüdische und protestantische Erziehung. Sie war bis zu den Moskauer Prozessen in den dreißiger Jahren überzeugte Kommunistin und wurde dann Trotzkistin. Sie schrieb gegen den Vietnamkrieg, als das in Amerika der Desertion gleichkam. In einer Talkshow bezichtigte sie ihre Kollegin Lillian Hellman, nicht schreiben zu können und eine notorische Lügnerin zu sein. Hellman zeigte sie wegen Verleumdung an.

Wir sehen – eine Autorin mit nacktem Rücken, die in Gerhard-Richter-Pose eine Treppe hinaufsteigt. Wir sehen eine sehr gut angezogene, schöne Frau mit ebenmäßigem Gesicht mit einem leicht ironischen Lächeln auf den Lippen, in kerzengerader Haltung. Wenn ein Vergleich erlaubt ist: Mary McCarthy sieht aus wie Lauren Bacall, eine Hollywood-Ikone. Wir sehen einen überladenen Schreibtisch, auf dem die kleine Reiseschreibmaschine ein wenig verloren wirkt. Und wir sehen eine Frau, die uns als Intellektuelle par excellence vorgestellt wurde, lächelnd am Tisch ihrer Küche sitzen und

in Kochbüchern blättern. Diese Frau überrascht immer wieder. Sie scheint sich nicht festlegen zu wollen, es scheint ihr Spaß zu machen, Erwartungen zu enttäuschen und Überraschung auszulösen.

Siebtes Kapitel

EIN ZIMMER FÜR SICH ALLEIN

»Mein liebster Ort ist nicht in meinen Büchern, es ist das Haus, in dem ich mit meinem Mann und meinem Hund lebe.«

ISABEL ALLENDE

geb. 2. August 1942

VERFÜHRERIN IN FREMDE WELTEN

Anfang der achtziger Jahre des letzten Jahrhunderts setzte sich eine chilenische Journalistin im venezolanischen Exil an einen wackligen Küchentisch und schrieb einen Welterfolg: *Das Geisterhaus*.

Ein Tisch wackelt, weil die Beine unterschiedlich lang oder nicht richtig festgemacht sind. Er kann aber auch wackeln, weil Geister aus dem Jenseits über ihn zu den Lebenden sprechen. In Isabel Allendes Büchern finden wir viele Beispiele von Hellseherei, von magischen Kräften, von Verfluchungen und Voodoo-Zauber. Insofern passt dieses Bild des wackligen Tisches perfekt zu ihr, auch wenn es nicht hundertprozentig belegt ist.

Isabel Allende ist die Nichte des 1973 ermordeten ehemaligen chilenischen Präsidenten Salvador Allende. Ihr Vater war Diplomat, und die Familie lebte in verschiedenen Ländern. Der Vater verschwand, als sie drei Jahre alt war. Isabel Allende wurde Journalistin. Aus einer Ehe mit einem Ingenieur gingen zwei Kinder hervor. Ihre Tochter Paula starb 1994. Seit 1987 ist sie mit einem Anwalt verheiratet. Sie lebt in San Francisco, in einem Haus mit dem Namen *Geisterhaus*.

Allendes Bücher entführen die Leserin in fremde Welten, die vor Schicksalen und magischen Geschichten nur so strotzen. Atemlos peitscht sie uns durch die Seiten und lässt uns am prallen Leben ihrer Protagonisten teilhaben, das wir manchmal so sehr vermissen.

Auf Fotos sehen wir eine sehr weibliche Frau, die mit ihrer Schönheit und Verführungskunst kokettiert. In *Aphrodite* serviert sie uns Rezepte und Geschichten, die nur eines zum Ziel haben: Versuchung und sexuelle Erregung.

OHNE RITUALE GEHT ES NICHT

Isabel Allende schreibt in einem *Casita* genannten Raum, der früher einmal das Poolhaus ihrer kalifornischen Villa war. Dort stehen immer frische Rosen. Ihr Mann bringt sie ihr täglich, obwohl er gegen Rosen allergisch ist. Die *Casita* ist ihre heilige Halle, ihr Refugium, ganz in hellem Holz gehalten. Ein alter Globus steht neben einem runden einbeinigen Tisch mit gedrechseltem

Bein, ein Stapel Bücher liegt daneben, Fotos in Rahmen stehen in den Regalen. Eine Recamiere steht frei im Raum. Ob sie sie zwischendurch an ihren langen Arbeitstagen, die bei einer schwierigen Szene oder gegen Ende eines Buches auch mal vierzehn Stunden betragen können, benutzt, um sich auszuruhen? Der große weiße Apple-Bildschirm ist das einzige, was modern ist. Telefon, Mail oder Fax gibt es hier nicht.

Isabel Allende beginnt jedes neue Buch an einem 8. Januar, weil sie an diesem Tag auch ihren ersten Roman zu schreiben begonnen hat, ursprünglich als Brief an ihren sterbenden Großvater. Nach dem Morgenkaffee zieht sie sich – perfekt gekleidet und geschminkt – in ihr Schreibzimmer zurück, zündet eine Kerze an und schreibt einen Brief an ihre Mutter. Sie selbst sagt von sich, dass sie wie ein Mönch lebe, wenn sie an einem neuen Buch arbeite.

In den Monaten, in denen Allende an einem Roman schreibt, geht sie nicht aus, weder ins Kino noch ins Restaurant. Es ist, als müsste sie ihre unbändige Lebenslust dann in ihren Büchern austoben. Der Gegensatz zwischen den prallen Geschichten voller Verführung, Lebensfreude und Dramatik und der Art und Weise, wie sie entstehen, könnte nicht größer sein.

VIRGINIA WOOLF

25. Januar 1882 – 28. März 1941

UNDENKBAR, NICHT ZU SCHREIBEN

Vaters Geburtstag. Er würde heute 96; und er könnte, wie andere Leute auch, durchaus 96 geworden sein, wie man weiß; wurde es aber gnädigerweise nicht. Sein Leben hätte meines ganz und gar beendet. Was wohl passiert wäre. Keine schriftstellerische Arbeit, keine Bücher – undenkbar.«

Als Virginia Woolf den Satz über ihren Vater schrieb, im Februar 1928, war der seit vierundzwanzig Jahren tot. Ihre Mutter war gestorben, als sie dreizehn war. Virginia hatte ihren Vater neun Jahre lang gepflegt, wie er es von ihr erwartet hatte. Man geht davon aus, dass einer ihrer Stiefbrüder sie als Heranwachsende sexuell belästigt hat. Die Erfahrung der Unfreiheit, weil sie eine Frau war, prägte sie. Sie wurde Sozialistin und Frauenrechtlerin. 1912 heiratete sie Leonard Woolf, einen Autor und Verleger. Leonard half ihr, über ihre wiederkehrenden psychischen Zusammenbrüche, die in mehreren Selbstmordversuchen gipfelten, hinwegzukommen. Die deutschen Luftangriffe und die Angst um Leonard, der Jude war, waren allerdings mehr, als sie ertragen konnte. Am 28. März 1941 beschwerte sie ihren Mantel mit einem Stein und ertränkte sich in dem Fluss, der an ihrem Haus vorüberfloss.

»EIN ZIMMER FÜR SICH ALLEIN«

1919 hatten Virginia Woolf und ihr Mann Monk's House an der englischen Südküste ersteigert. Das Cottage verfügte weder über Strom noch über fließendes Wasser. Aber im Garten gab es einen alten Werkzeugschuppen, den sie sich als Schreibstube herrichtete. Der Ort war nicht ideal, denn sie wurde oft gestört: durch Leonard, der in dem darüberliegenden Lagerraum die Äpfel sortierte, oder vom Hund, der neben ihr lag und sich kratz-

»Sprache ist Wein auf den Lippen.«

te. Vor allem aber war es im Winter zu kalt.

Virginia Woolf zog um in einen Pavillon am Ende des Gartens. Hier hatte sie endlich ihr Zimmer für sich allein. Nachdem sie im Bett gefrühstückt hatte, ging sie gegen halb zehn dorthin und schrieb bis gegen dreizehn Uhr. Auch der Rest des Tages lief immer gleich ab. Für diese Regelmäßigkeit sorgte ihr Mann und ließ sie sich sogar vertraglich bestätigen. Sie war wichtig für ihr seelisches Gleichgewicht.

Ab und zu stellte Virginia Woolf ihren Schreibtisch um, um

den Ausblick aus einem anderen Fenster zu haben. Sie schrieb mit einer harten stählernen Feder und grüner Tinte, vorzugsweise auf blassblauem Papier und auf einem Brett, das sie sich auf die Knie legte.

Nach und nach wurde Monk's House renoviert. »Wir werden zwei Wasserklosetts bekommen, eines bezahlt uns *Mrs. Dalloway*, das andere *Der gewöhnliche Leser*«, schrieb sie im Februar 1926. Monk's House war auch der Ort für zahlreiche Teegesellschaften, für die die Freunde des Bloomsbury-Kreises aus London kamen. Man versammelte sich in dem grüngestrichenen Salon mit den handbemalten Möbeln und plauderte.

»MANCHMAL DENKE ICH, DER HIMMEL BESTEHT AUS UNUNTERBROCHENEM, NIEMALS ERMÜDENDEM LESEN.«

Für Virginia Woolf war das Paradies eine Bibliothek, und das Schreiben, der innere Monolog, hielt sie, zumindest zeitweise, davon ab, ihren Ängsten anheimzufallen. Schreiben half ihr, das Leben zu ertragen. Es ist gut vorstellbar, wie sie da an ihrem schlichten Schreibtisch in der Gartenklause sitzt und auf die umgebenden Felder und Wiesen blickt. Und wie ihre Gedanken zu ihr zurückkommen und sich als eine Art Bewusstseinsexpedition auf dem Papier verfestigen. Mit dem Schreiben verdiente sie ihr Geld. Schreiben half ihr,

sich aus der Bevormundung zu befreien, der sie als Frau unterworfen war. Diesen Feind, der sie vom Schreiben abhielt, bezeichnete sie als »Engel im Haus«. Darunter verstand sie das Idealbild der Frau, wie es nicht nur von Männern propagiert wurde. In ihrem Vergleich mit einer imaginierten Schwester Shakespeares, die zu ihrer Zeit Strümpfe gestopft und den Hammel gebraten hätte, statt zu schreiben, machte sie deutlich, was sie vom Leben – und vom Schreiben – erwartete.

Am 24. Juni 1939 fotografierte Gisèle Freund Virginia Woolf in London. Ganz in sich versunken sitzt sie da, ein aufgeschlagenes Buch oder ein Manuskript in der Hand. Sie scheint über das Gelesene nachzudenken, die Zigarettenspitze in ihrer Hand ist ihrer Aufmerksamkeit entgangen. Noch etwas sehen wir in dem zerbrechlichen, fast durchscheinenden Gesicht mit den dunklen, tiefliegenden Augen: eine tiefe Melancholie.

>>*Ich bin aufgewachsen in dem Glauben, dass es nichts, aber auch gar nichts gab, was meine Mutter nicht konnte.*<<

ALICE WALKER
geb. 9. Februar 1944

WOMANISM — DIE FRAUENBEWEGUNG DER AFROAMERIKANERINNEN

Alice Walker wurde als achtes Kind einer Bauernfamilie im Süden der Vereinigten Staaten geboren. Als sie acht Jahre alt war, schoss ihr Bruder ihr versehentlich ins Auge. Weil sie nicht rechtzeitig zu einem Arzt kam, wurde das Auge trüb und erblindete. Aufgrund dieser Behinderung zog sich Alice Walker zurück. Anstatt mit den anderen Kindern zu spielen oder zu arbeiten, begann sie zu lesen. Erst nach einer Augenoperation nahm sie wieder am Leben teil. Früh engagierte sie sich in der Bürgerrechtsbewegung. 1967 heiratete sie einen Weißen — es war die erste gemischtrassige Ehe in Mississippi.

1982 erschien ihr Buch *Die Farbe Lila* in Amerika, 2003 in Deutschland. Das Buch brachte ihr den Pulitzer-Preis und den National Book Award. Spätestens nach der Verfilmung durch Steven Spielberg war die Autorin berühmt, aber auch angefeindet. Die schwarze Gemeinde warf ihr die negative Dar-

stellung der Männer vor, die als gewalt-
tätig und Unterdrücker der Frauen ge-
schildert werden.

Alice Walker ist eine unbequeme
Frau, die viel Angriffsfläche bietet. So,
wenn sie Israel und die USA wegen der
Palästinenserpolitik als terroristische Or-
ganisationen bezeichnet. Sie untersagte
einem israelischen Verleger den Nach-
druck von *Die Farbe Lila* mit dem Ar-
gument, Israel sei vom Russel Tribunal
der Apartheid bezichtigt worden. Ihre
Tochter spricht davon, dass sie als Kind
oft auf sich allein gestellt war und sich
ungeliebt fühlte.

Filmplakat von *Die Farbe Lila*.

Das Filmplakat zu *Die Farbe Lila* hat
mit seiner scherenschnittartigen Reduziertheit eine ganz klare Aussage: Eine
Frau liest einen Brief, und die Lektüre weckt Emotionen und ist eine Befreiung. Jenseits der Struktur der Gardine und der Fenstersprossen, die an ein
Gefängnis denken lassen, geht die Sonne der Freiheit auf.

DIE BOTSCHAFT DER QUILTS

Während sie ihren berühmten Roman schrieb, nähte Alice Walker auf Anraten ihrer Mutter einen lilafarbenen Quilt. Quilts scheinen für sie etwas ganz Besonderes zu bedeuten. In einer Kurzgeschichte beschreibt sie, wie alte Kleidungsstücke von verstorbenen Familienangehörigen vernäht werden und der Quilt somit ein Vermächtnis darstellt.

NOW IS THE TIME TO OPEN YOUR HEART

In dem Roman *Die Farbe Lila* spielen Lesen und Schreiben eine große Rolle. Celie, deren Namen wie »silly« klingt – das englische Wort für dumm –, wird von ihrem Vater missbraucht und dann mit dem gewalttätigen Albert verheiratet, für den sie nicht mehr als ein Dienstmädchen ist. Celie lässt sich beinahe alles von ihm gefallen. Auch dass er seine Geliebte ins Haus holt. Als Celie

»Für mich sind schwarze Frauen die faszinierendsten Geschöpfe der Welt.«

allerdings erfährt, dass ihr Mann über Jahre die Briefe ihrer Schwester Nettie vor ihr versteckt hat, spielt sie mit dem Gedanken, ihn umzubringen. Letztendlich gelingt es ihr nur durch die (wenn auch missglückte) Korrespondenz mit ihrer Schwester, den Mut zur Flucht vor ihrem Mann zu finden. Der Roman ist als Briefroman konzipiert. Auch die Autorin Alice Walker führt eine ausführliche Korrespondenz, die mittlerweile in der Emory Universität in Georgia aufbewahrt wird.

In der Widmung für ihren Roman *Now is the Time to Open your Heart*, der bisher nicht auf deutsch erschienen ist, macht sie noch einmal deutlich, wie wichtig das Schreiben für sie ist: »Die Mutter meines Vaters wurde ermordet, als er ein Junge war. Bevor sie meinen Großvater, Henry Clay Walker, heiratete, war ihr Name Kate Nelson. Dieser Roman ... machte mir während des Schreibens bewusst, wie sehr ich sie vermisse. Und sie immer vermisst habe.«

Alice Walker, 1989 (*oben*) und 2006 (*Bild linke Seite*).

Achtes Kapitel

AM SCHREIBTISCH: NUR HIER KANN ICH SCHREIBEN

»*Der Traum meines Lebens?*
Und was sollte ich mit einem
einzigen Traum anfangen?«

SIDONIE-GABRIELLE COLETTE

28. Januar 1873 – 3. August 1954

VON DER VAGABUNDIN ZUR FRAU, DIE IM BETT SCHREIBT

Vagabundin, Nomadin, Umherirrende: die vielen Umzüge im Leben der Colette lassen diese Bezeichnungen durchaus zu. Allein in Paris ist sie mindestens neunmal umgezogen und hat sogar ein Buch darüber geschrieben, warum auch Bücherliebhaber und Porzellansammler häufiger die Wohnung wechseln sollten. Colette hat überall geschrieben, in verschiedenen Wohnungen und Zimmern, auf Reisen, während ihrer jahrelangen Tourneen als Varietétänzern in Garderoben und Zugabteilen, sogar während des Ersten Weltkriegs, als sie als Lazaretthelferin diente.

Doch zwei Wohnorte gibt es, die besonders wichtig für Leben und Schreiben von Colette waren. Zum einen das Haus ihrer Kindheit in Saint-Sauveur-en-Puisaye im Burgund. Es ist ein repräsentatives Haus, von wohlhabenden Vorfahren errichtet, wovon die vielen Fenster zur Straßenseite zeugen, für die damals Steuern gezahlt werden mussten. Eine doppelte Freitreppe führt zur Haustür hinauf. Sie nimmt beinahe die gesamte Breite des Fußwegs ein. Weil das Haus an einer ansteigenden Straße steht, hat sie auf der einen Seite mehr Stufen als auf der anderen. »Seine Freitreppe hinkte, sechs Stufen links, zehn auf der anderen Seite.«

Das Haus und die Landschaft (und auch das Personal des Ortes) nahm Colette zum Vorbild für ihre *Claudine*-Romane. In dieser ländlichen Gegend und im heimischen Garten, wo es nach Auberginen und Tomaten duftete und wo die hundertjährige Glyzinie das Gartentor aus der Verankerung gerissen hatte, verlebte sie eine glückliche, freie Kindheit. Als sie siebzehn Jahre alt war, gerieten ihre Eltern in finanzielle Schwierigkeiten, das Haus musste verkauft werden. Später bezeichnete Colette das Haus in Saint-Sauveur als »Reliquie, ein Schlupfwinkel, eine Festung, das Museum meiner Jugend«.

Mit zwanzig heiratete Colette den vierzehn Jahre älteren Kunstkritiker und Lebemann Henry Gauthier-Villars und zog mit ihm nach Paris. »Willy«, wie er sich nannte, unterhielt eine ganze Gruppe von Schreibern, die für ihn

Colette in jungen Jahren.

Romane und andere Texte produzierten. Er zwang auch Colette, für ihn zu schreiben. Er sperrte sie in ein Zimmer ein und ließ sie erst wieder heraus, wenn sie Seiten produziert hatte. So entstanden die *Claudine*-Romane, die einen unglaublichen Erfolg hatten. Kaum ein Theaterstück jener Zeit kam ohne eine freche Schülerin aus, jeder kannte die freche Protagonistin, die erotisch freizügig lebte. Aber als Verfasser stand *Willy* auf den Buchdeckeln. Vom ersten Band *Claudine erwacht* waren nach nur zwei Monaten vierzigtausend Exemplare verkauft. Bei der Scheidung von Colette sicherte sich Willy die Autorenrechte.

DIE VAGABUNDIN HAT IHR REFUGIUM GEFUNDEN

Der andere Ort, der Colette zum sicheren Hafen wurde, war die Wohnung im Pariser Palais Royal, wo sie bis zu ihrem Tod fast zwanzig Jahre lebte. Sie hatte bereits vorher, von 1926 bis 1930, eine Zwischengeschoss-Wohnung, einen »Tunnel im Entresol« bewohnt. Die Wohnung war dunkel und niedrig, hier könne man nur Flundern essen, sagte sie einmal. Die Verhältnisse taten ihrer Gesundheit nicht gut, so zog sie schweren Herzens wieder aus. Fortan bezeichnete sie aber den Palais Royal als einzigen Ort, wo sie in Paris wohnen wollte. Am 5. Januar 1938 war es soweit: Sie bezog eine Wohnung im ersten Stock der Rue de Beaujolais mit Blick auf den Innenhof des berühmten, eleganten, stillen Gartens mit den umlaufenden Arkaden. Mit den anderen Bewohnern gab es Gewohnheiten und Rituale, die eher in die französische Provinz passen würden als in die Hauptstadt. »Der Krieg machte aus einer Handvoll Bewohnern eine Koalition aus Freunden«, so beschrieb Colette die Atmosphäre.

In ihren letzten Lebensjahren war sie, die Vagabundin, durch eine Hüftgelenksarthritis zunehmend ans Bett gefesselt, das ihr Lebensmittelpunkt wurde. Sie bekam die Erlaubnis, die Balkongeländer vor ihrem Fenster zu entfernen und blaue Gardinen aufzuhängen, um einen ungestörten Blick nach draußen zu haben. Die Atmospäre in diesem kleinen Zimmer, das immer überheizt gewesen sein soll, muss geheimnisvoll gewesen sein wie seine Bewohnerin. Über dem Bett hing eine Lampe, deren Licht sie mit blauem Papier dämpfte. Blau war ihre Lieblingsfarbe. Aber das übrige Zimmer war in

à Richard Anacréon
au roi des librai
au meilleur des am
Dignimont

Rot getaucht wie ein Bordell, wie ein »Kokottenzimmer«, düster, überladen, vielleicht auch schwülstig?

In ihrem Bett, ihrem »Diwanfloß« hielt Colette Hof, perfekt geschminkt und maniküriert, bestellte Gäste ein und schrieb. Das Bett war mit weichen Fellen ausstaffiert und verfügte über ein eigens konstruiertes Schreibpult, auf dem ihre Sammlung von Füllfederhaltern stand. Es stand ans Fenster gerückt, damit sie auf den Palais Royal hinaussehen konnte. Am Kopfende des Bettes standen zwei Stöcke, mit denen sie sich heranzog, was sie gerade benötigte. Das kleine Zimmer, das sie ihre »Mausefalle« nannte, war über und über mit Dingen vollgestopft, allein mehr als fünfzig bunte Glaskugeln und Briefbeschwerer standen herum. Wie im Exil thronte die Autorin hier, fern der Welt, an der sie ohne fremde Hilfe, ohne Rollstuhl und Träger, nicht mehr teilhaben konnte, die sie sich aber an ihre Bettstatt wünschte und die gern kam. Die Besuche vieler berühmter Kollegen, Freunde und Journalisten sind belegt: Lee Miller, Truman Capote, ihr Nachbar Jean Cocteau ...

Sie fanden eine beeindruckende Person vor: unbeweglich, aber auf geradezu unheimliche Weise präsent durch die Haarmähne, die strengen schwarzen Katzenaugen, den scharf geschnittenen Mund. Man ahnt, dass ein Urteil von diesen Lippen vernichten konnte. Der Besucher hatte wohl kaum das Gefühl,

an einem Krankenbett zu sitzen. Colette wirkt auf den Fotos, als habe sie die Situation jederzeit im Griff. Auch im Bett konnte sie unbequem sein, schockieren, verstören wie in ihren freizügigen Romanen.

Zu den mit Khol umrandeten Augen passten die Kartäuserkatzen. Colette hatte etliche, auf vielen Fotos sind sie zu sehen. Welches andere Tier hätte zu dieser unabhängigen Frau besser gepasst als eine Katze, ein Tier, das sich nicht dressieren lässt, das gleichmütig den Tag vorüberziehen lässt, das aber bei Gelegenheit die Krallen ausfährt und zu einer fauchenden Furie werden kann?

Die Wohnung im Palais Royal: das Zuhause ihres Lebens.
Diwan und Schreibtisch, Sekretär, ein kleiner Tisch und eine Frisierkommode, zwei Sessel, Louis-Philippe-Stühle, ein Nachttisch, darauf: ein blauer Topf mit Füllfederhaltern, Brille, Lupe, ein Papiermesser zum Aufschneiden der Bücher, Fliegenklatsche und Löschblätter, Bücher, Schminkutensilien, Schreibunterlage, Lampen, die Briefbeschwerer und anderer Nippes, Vasen, Statuetten, Gemälde, Zeichnungen, Gravüren, Fotografien, ein Rollstuhl, Krücken, Telefon, Blumen ... Diese und andere Dinge standen auf einer vierseitigen engbeschriebenen Liste mit Objekten, die nach Colettes Tod von ihrem Zimmer erstellt wurde.

»Du wirst später einmal Schriftstellerin. – Dieses Gerede festigte in mir den Entschluss, niemals Bücher zu schreiben.«

ASTRID LINDGREN
14. November 1907 – 28. Januar 2002

Glücklicherweise hat Astrid Lindgren diesen Spruch nicht wahr gemacht. Was wäre den Kindern dieser Welt entgangen! Und den Erwachsenen. Mit ihren Figuren, allen voran Pippi Langstrumpf, schuf sie anarchische Kinder, die in einer heilen Welt lebten, unbelastet von den Erwartungen und Ängsten der Erwachsenen. Welches Kind wollte nicht so allmächtig wie Pippi sein? Oder in einer so harmonischen Umgebung aufwachsen wie die Kinder von Bullerbü? Und offensichtlich wünschen auch viele moderne Eltern ihren Kindern ein Leben wie in den Büchern von Astrid Lindgren, denn die Namen ihrer Figuren sind beliebte Vornamen.

Die ausgebildete Sekretärin schrieb alle ihre Bücher in Stenogrammschrift. Von 1941 bis zu ihrem Tod, also einundsechzig Jahre, lebte sie in derselben Vierzimmerwohnung in Stockholm, Dalagatan 46.

Die schwedische Autorin verlebte eine glückliche, unbeschwerte Kindheit, von der sich viel in ihren Büchern wiederfindet. Aber dann brach dieses Glück: Sie wurde schwanger vom Chefredakteur der Zeitung, bei der sie arbeitete. Um keine Schande über die Familie zu bringen, zog sie nach Stockholm, wo sie eine Ausbildung zur Sekretärin machte.

Am 4. Dezember 1926 brachte sie ihren Sohn Lasse in Kopenhagen zur Welt. Sie musste ihn bei einer Pflegefamilie unterbringen und fuhr zurück nach Stockholm. In den nächsten drei Jahren hungerte sie, um vierzehnmal die Reise (vierzehn Stunden im Nachtzug dritter Klasse) nach Kopenhagen bezahlen zu können. 1930 konnte sie Lasse endlich zu sich holen. 1931 heiratete sie Sture Lindgren und bekam eine Tochter.

Fast ein Jahrzehnt war sie »nur« Hausfrau, doch als ihre Tochter Karin krank war, erzählte sie ihr ausgedachte Geschichten von einem unerschrockenen Mädchen mit roten Zöpfen. Als sie dann 1944 selbst mit einem verstauchten Fuß das Bett hüten musste, schrieb sie diese Geschichten auf. Sie wurde die berühmteste und vor allem die beliebteste Autorin ihres Landes, weil sie nie die Ideale ihrer Kindheit aufgegeben hat.

SCHREIBEN IM BETT

Astrid Lindgren schrieb ihre Bücher vormittags im Bett, noch im Nachthemd. Der Fotograf Jacob Forsell, der viele berühmte Bilder der Autorin gemacht hat, hat immer davon geträumt, sie einmal in dieser Position zu fotografieren. Astrid Lindgren hatte Spaß daran, fotografiert zu werden, das sieht man auf vielen ihrer Bilder, aber diesen Wunsch schlug sie Forsell ab.

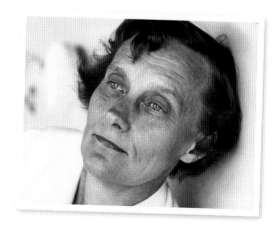

Noch mit neunzig Jahren absolvierte sie ihr tägliches Schreibpensum, konzentriert saß sie an der Maschine, die Hände über den Tasten ihrer alten mechanischen Halda-Reiseschreibmaschine schwebend, den Blick auf einen Stapel Blätter zu ihrer Rechten gerichtet. In solchen Augenblicken wollte sie sich offenbar nicht stören lassen. Wenn sie arbeitete, dann waren nicht nur Sorgen, sondern auch alles andere ausgeblendet.

Es gibt aber sehr viele Fotos ganz anderer Art von ihr. Da sieht sie den Fotografen offen an, macht sogar Faxen, steckt die Zunge heraus, sitzt auf einer Schaukel oder klettert als alte Frau auf einen Baum. Eine Frau, die so uneitel ist, wie man nur sein kann, und deren Beliebtheit darin wurzelt, dass sie diese Selbstverständlichkeit und die Empfindungen der Kindheit in ihre Bücher transponiert.

»Beim Schreiben war ich unerreichbar für alle Sorgen. Schreiben ist harte Arbeit, aber es ist das Wunderbarste, was es gibt. Morgens schreibe ich, und abends denke ich: Oh, wenn es doch wieder Morgen wäre und ich weiterschreiben könnte!«

Astrid Lindgren vor einem Teil ihrer Auslandsausgaben
in ihrer Wohnung in Stockholm.

»*Ich stecke in einer Krise, weil es nirgendwo in Johannesburg noch die Farbbänder für meine gute alte Olivetti-Schreibmaschine gibt. Jetzt muss ich alles per Hand schreiben.*«

NADINE GORDIMER

20. November 1923 – 13. Juli 2014

DIE WEISSE AFRIKANERIN

Bildungsbürgertum, Eleganz, Klasse. *Aisance*, würden die Franzosen diese Haltung nennen: selbstsicher, gelassen, würdevoll, mit dem beruhigenden Wissen, dass finanziell alles in Ordnung ist. Auf den Fotos von Nadine Gordimer sehen wir kostbare, schöne Schals, großbürgerliche Wohnzimmer und eine zarte, vogelgleiche Frau, die uns ihre Aufmerksamkeit und ihr Lächeln schenkt. Bestimmt hält sie sich kerzengerade auf ihrem Stuhl. Auf einem Foto hält sie eine Katze im Arm. Das kann gefährlich sein, denn ein Tier lenkt vom Menschen ab, der doch eigentlich das Sujet des Fotos ist. Während die Katze uns ansieht, geht der Blick der Autorin in die Ferne. Auf anderen Fotos sieht man ihren alten Weimaranerhund.

Ihr erster Roman *Entzauberung* erschien 1953. Sie schrieb ihn unter schwierigen Bedingungen, als geschiedene Frau mit einem Baby und in finanziellen Engpässen, nachdem sie sich von ihrem ersten Mann getrennt und einen betont bürgerlichen Lebensstil aufgegeben hatte. Mit ihrem zweiten

Mann Reinhold Cassirer bekam sie ein weiteres Kind, er brachte eines mit in die Ehe.

Sie meisterte die Doppelbelastung, »indem ich meine Kinder ins Internat schickte«. Andere haben sie deshalb als unbarmherzig kritisiert, aber wenn die Tür ihres Arbeitszimmers geschlossen war, dann kamen ihre Kinder nicht herein und drehten das Radio nicht auf. Und sie selbst zog den Stecker des Telefons. Wenn sie nach ungefähr vier Stunden aufhörte, dann kümmerte sie sich um alltägliche Dinge wie ein Kleid in die Reinigung bringen oder Pflanzen besprühen.

Die FAZ-Autorin Claudia Bröll beschreibt Nadine Gordimer als »Grande Dame« und ihr Haus als altehrwürdig in einem altehrwürdigen Viertel

von Johannesburg – allerdings mit einem Elektrozaun drum herum, seit sie überfallen und in eine Abstellkammer gesperrt wurde. Ein schlichtes Wohnzimmer ohne Bücherregal, aber eine Büste des Kunsthändlers und Philosophen Ernst Cassirer, mit dessen Neffen sie fast fünfzig Jahre verheiratet war.

»ICH HABE MIR DIESEN BERUF NICHT AUSGESUCHT. DER BERUF HAT MICH GEFUNDEN.«

Diese Klasse, dieses Beharren findet sich auch in ihrer Literatur, die sich von Anfang an gegen die Apartheid richtete. Ihr kompromissloses Engagement brachte ihr zahlreiche internationale Auszeichnungen, darunter 1991 den Literaturnobelpreis. Doch als man sie am Ende der Apartheid fragte, ob sie ein Amt in der neuen Regierung übernehmen wolle, lehnte sie ab. Sie sei Schriftstellerin, keine Politikerin.

Ihr Haus war viel zu groß für sie, besonders nachdem ihr Mann 2001 gestorben war. Aber es war ihr Arbeitsplatz, wie sie sagte, deshalb blieb sie. Gordimer schrieb morgens, das hat sie auch getan, als ihre drei Kinder klein waren. Der größte Glücksmoment in ihrem Leben, das hat sie bei mehreren Gelegenheiten erzählt, war mit vierzehn Jahren, als ihre erste Geschichte zur Veröffentlichung angenommen wurde. Das hat sie mehr gefreut als der Nobelpreis.

*»Ich mag das Ding nicht.
Aber ich habe es vom früheren
Besitzer meines Hauses geerbt,
und es ist so in die Wand
hineingebaut, dass man es in
Einzelteile zerhacken müsste,
um es abzutransportieren.«*

NICOLE KRAUSS

geb. 18. August 1974

ERZÄHLEN IN BROOKLYN

Das *Ding*, das ist der Schreibtisch von Nicole Krauss, ein riesiges, dunkles Möbelstück mit einem Aufsatz und zahllosen Schubladen. Er steht im oberen Zimmer ihres Hauses in Brooklyn. Ein wenig resigniert hört es sich an, wenn sie sagt, dass sie an diesem vom Vorbesitzer des Hauses übernommenen Trumm schreibt, weil es zu schwer und zu groß ist, um es aus dem Haus zu schaffen. Dennoch hat dieses Monstrum sie zu ihrem Roman *Das große Haus* inspiriert, in dem es um einen monströsen Schreibtisch geht, der das Leben von vier ganz unterschiedlichen Personen in New York, London, Oxford und Jerusalem zu unterschiedlichen Zeiten berührt: Nadia, die Schriftstellerin, bekommt ihn von dem Chilenen Daniel Varsky geliehen, als der nach Chile zurückgeht, um dort in Pinochets Folterkellern zu verschwinden. Lotte Berg hat Daniel den Schreibtisch überlassen, weil sie ihn für ihren Sohn hält, den sie als Baby zur Adoption freigab. Und da ist der Antiquitätenhändler Weisz, der durch die Welt reist, um die Möbelstücke

zurückzubekommen, die seiner Familie von den Nazis geraubt wurden. Darunter ist auch ein Schreibtisch ...

EIN SCHREIBTISCH

»Ich blickte durch den Raum auf den Holztisch, an dem ich sieben Romane geschrieben hatte und auf dessen Oberfläche im Lichtkegel einer Lampe die Stapel von Seiten und Notizen lagen, aus denen ein achter werden sollte. Eine Schublade war einen Spalt weit geöffnet, eine der neunzehn Schubladen, manche größer, manche kleiner, deren ungerade Zahl und seltsame Anordnung, wie mir jetzt, da sie mir plötzlich weggenommen werden sollten, bewusst wurde, die Bedeutung einer Art leitenden, wenngleich geheimnisvollen Ordnung in meinem Leben angenommen hatten ... Neunzehn Schubladen jeglicher Größe, manche unter der Tischplatte und andere darüber, deren profane Verwendung (hier Briefmarken, dort Büroklammern) einen weitaus komplexeren Entwurf verbarg, die Blaupause dessen, was sich in Zigtausenden von Tagen auf die Schuladen starrenden Grübelns in meinem Geist herausgebildet hatte ...« (Nadia in *Das große Haus*)

Es gibt kein Foto des realen Schreibtisches in Nicole Krauss' Büro. Sie lässt keine Journalisten in ihr Haus. Berufliches und Privates trennt sie strikt.

Aber an diesem Schreibtisch schreibt Nicole Krauss ihre wunderschönen Bücher. Ich stelle mir vor, dass er Geheimfächer haben muss, die durch einen verborgenen Mechanismus geöffnet werden. Und dass sie in diesen geheimen Fächern ihre Figuren findet und die Kraft, sie in diese verknappte Sprache voller Menschlichkeit, Metaphern und Witzen zu gießen.

Auf Fotos wirkt Nicole Krauss oft als distanzierte Frau, die vorsichtig, manchmal ein wenig abschätzend in die Welt blickt. Der Blick kommt zumeist von der Seite, er ist selten offen oder frontal. Wie zufällig sitzt sie auf der Treppe eines Hauses oder an einem Tisch. Man ist versucht, in dieser Haltung das Unentschiedene, Nicht-Sesshafte, Suchende ihrer Figuren zu lesen.

Neuntes Kapitel

HIER WIRD FÜR GELD GESCHRIEBEN

»Sie war die Stimme der Frau zu einer Zeit, als die Frau schwieg.«

— ANDRÉ MAUROIS

GEORGE SAND

1. Juli 1804 – 8. Juni 1876

DIE UNERMÜDLICHE STIMME DER FRAU

Sie hieß nach ihrer frühen Heirat eigentlich Aurore Dudevant. Die Ehe war unglücklich, kurz nach der Geburt ihres ersten Kindes kam es zu folgender, vielsagender Szene: »Eines Morgens brach ich beim Frühstück, ohne alle äußere Veranlassung, plötzlich in Tränen aus. Mein Mann war erstaunt.«

Nach neun Jahren trennte sich das Paar, Aurore ging nach Paris. Sie musste mit ihrem Geld haushalten. Ihre Mutter riet ihr Männerkleidung zu tragen, die billiger und leichter zu unterhalten war. Als Mann bewegte sie sich freier in der Stadt, als Mann konnte sie auch die billigen Stehplätze im Theater ergattern, die (männlichen) Studenten vorbehalten waren. »Mit meinen eisenbeschlagenen Absätzen hatte ich einen sicheren Schritt und lief von einem Ende der Stadt bis zum anderen ... Ich konnte bei jedem Wetter, zu jeder Tageszeit ausgehen und in allen Theatern das Parterre besuchen. Niemand beachtete mich oder ahnte meine Verkleidung.«

Um Geld zu verdienen, fing sie an, für eine Zeitschrift zu schreiben, ein Jahr später erscheint ein erster Roman. Unter ihrem Namen durfte sie allerdings nicht veröffentlichen. Eine Frau ihrer Zeit durfte ja nicht einmal unbegleitet ins Theater oder ins Café. Also nahm sie kurzerhand ein Pseudonym an, ein männliches. Innerhalb kürzester Zeit wurde sie zu einer der bestbezahlten – und produktivsten – Schriftstellerinnen.

George Sand-Gemälde von Eugène Delacroix, entstanden 1838.

Links: George Sand um 1835
gemalt von Charles Louis Gratia.
Unten: Sand-Zeichnung von
Alfred de Musset, 1833.

PHÄNOMEN IHRER ZEIT

Zu ihren Freunden und Geliebten gehörten Alfred de Musset, Franz Liszt, Frédéric Chopin, Gustave Flaubert und viele andere. Eugène Delacroix malte ihr Porträt, nachdem sie sich nach einem Streit mit Musset ihr langes Haar abgeschnitten hatte.

George Sand schrieb wie eine Besessene, sieben bis dreizehn Stunden täglich, vorwiegend nachts, wobei sie sich mit Kaffee und Zigaretten, oft auch Zigarren, wachhielt. Die Atmosphäre muss mysteriös gewesen sein: flackernder Feuerschein, durch

den Qualm unzähliger Zigaretten schemenhafte Schatten an den Wänden, dazu das Kratzen der Feder über das Papier.

Gegen drei Uhr morgens, wenn ihr Pensum erledigt war, schrieb sie dann noch Briefe, manchmal zwanzig in einer Nacht. Für einen Roman brauchte sie mal zwei Monate, mal auch nur vier Tage. In dieser Zeit schafft man es kaum, ein Buch zu lesen! Sie hinterließ hundertachtzig Bände, daneben fünfzehntausend Briefe und unzählige Zeitungsartikel.

Sie kämpfte und schrieb gegen die Benachteiligung von Frauen, aber auch gegen soziale Ungerechtigkeit. Sie war eine der Ersten, die die Unterdrückung der Frau an der Sexualität festmachte, und sie war Sozialistin, die für die Republik und gegen die Zensur schrieb.

IM BLAUEN ZIMMER

Von George Sand gibt es viele Porträts, außerdem Aufnahmen von den Räumen in Nohant, wo sie lebte und die meisten ihrer Bücher schrieb. In ihrem »blauen Zimmer« verbrachte sie die letzten neun Jahre ihres Lebens. In Nohant waren gleichzeitig Delacroix, dem sie ein Atelier eingerichtet hatte, und Chopin zu Gast, dessen Klavierspiel der Maler hörte. An den Porträts fällt das üppige dunkle Haar auf, beim Anblick des kleinen Sekretärs drängt sich die Frage auf, wie dort die vielen tausend Seiten entstanden sein sollen. Wohl wirklich nur durch eiserne Disziplin.

Warum schrieb sie so viel, bis zur Erschöpfung? Zu einer Zeit, als man noch mit der Hand schrieb und die Feder spitzte? Warum beendete sie ein Buch nachts um ein Uhr und fing sofort mit dem nächsten an, wie ihr damaliger Geliebter Théophile Gautier »angewidert« berichtete? Sie war sich bewusst, dass unter der Menge die Qualität leiden musste. »Was den Stil anbetrifft, da geb ich's billiger als Sie«, schrieb sie an Gustave Flaubert.

Es war nicht nur ihr Verleger, der ihr im Nacken saß und auf Manuskriptablieferung bestand: Alle sechs Wochen musste sie hundertzwanzig Druckseiten abliefern. George Sand brauchte Geld für sich und ihre Kinder. »Ich musste ohne Ruhe und Rast produzieren, ... um die Erziehung meiner Tochter

Linke Seite: Daguerreotypie aus dem Jahr 1864.

bezahlen zu können und den Pflichten Genüge zu leisten, die ich gegen andere und gegen mich selbst hatte.« Und an anderer Stelle sagte sie: »Wenn ich fühle, dass die Traurigkeit mich überkommen will, dann verordne ich mir Arbeit und vergesse dabei alles.«

Das »blaue Zimmer« in Nohant.

»Soll ich mich literarisch betätigen, brauche ich ein besonderes Zimmer.«

HARRIET BEECHER-STOWE

14. Juni 1811 – 1. Juli 1896

DIE FRAU, DIE MIT IHREM BUCH DIE WELT VERÄNDERTE

Manchmal ist es lebenswichtig, wo der Schreibtisch steht, an dem Literatur geschrieben wird. Der von Harriet Beecher-Stowe stand in einem stattlichen Haus in Brunswick, Maine, wo sie von 1850 bis 1852 lebte. Ihr Mann war Lehrer am dortigen College. Das Haus wirkt wohnlich und repräsentativ. Eine Vorderfront mit vielen Fenstern, ein Queranbau nach hinten raus, hohe Bäume auf einem großen Grundstück.

Als Harriet Beecher-Stowe ihren Roman *Onkel Toms Hütte* schrieb, da musste sie nicht um ihre Sicherheit oder gar ihr Leben fürchten. Sie durfte ungestraft und mit ihrer ganzen Empörung gegen die Ungerechtigkeiten der Sklaverei und gegen ein Gesetz anschreiben, das alle Weißen, die entflohenen Sklaven zu Hilfe kamen, zu Verbrechern machte. Sie konnte das tun, weil sie in Maine in Neuengland lebte. Als der *Fugitive Slave Act* 1850 im Kongress beraten wurde, beschloss sie, etwas gegen die Sklaverei zu unternehmen. Ihre Schwägerin soll sie in einem Brief dazu aufgefordert haben: »Wenn ich so mit

Harriet Beecher-Stowe-Zeichnung von Francis Holl.

der Feder umgehen könnte wie du, dann würde ich etwas schreiben, woraus die ganze Nation erkennen sollte, wie fluchwürdig die Sklaverei ist.« Harriet Beecher-Stowe selbst behauptete später, Gott habe ihr in einer Vision befohlen, das Buch zu schreiben.

Ursprünglich waren nur einige Episoden geplant, die als Fortsetzungen in der Zeitung *National Era* erschienen sollten. Doch das Projekt wuchs sich aus, sei es, weil der Stoff zu umfangreich war, oder wegen des großen Erfolgs.

Hätte ihr Schreibtisch in einem der Konföderiertenstaaten gestanden, hätte dieser Roman sie das Leben kosten können. *Gute Geister* von Kathryn

Stocket, ein Roman aus dem Jahr 2011, der im Staat Mississipi von 1960 spielt, zeigt das auf bedrückende, gleichzeitig komische Weise. Noch vor fünfzig Jahren musste eine Autorin, auch eine weiße Autorin, auf ein Pseudonym zurückgreifen, wenn sie die Missstände der Rassentrennung anprangern wollte.

EIN LEBEN – EIN BUCH

Das Eingangszitat stammt aus einem Brief, den Harriet Beecher-Stowe 1842 an ihren Mann, den Theologen Calivn Ellis Stowe schrieb. Mit ihm hatte sie sieben Kinder. Der Satz spielt nicht auf einen Wunsch zu schreiben an, auf eine Berufung gar, sondern es ging einzig und allein darum, Geld zu verdienen, das in der vielköpfigen Familie knapp war. 1852 erschien *Onkel Toms Hütte* als Buch, innerhalb eines Jahres wurden zweihunderttausend Exemplare verkauft, womit sich die Geldsorgen erledigt hatten.

Der Roman hat eine wechselvolle Geschichte. Man warf der Autorin vor, rassistisch zu sein, kolonialistisch, melodramatisch und sentimental. Im zwanzigsten Jahrhundert verblasste sein Ruhm.

Man kann wohl nicht über die Autorin schreiben, ohne das Wort zu zitieren, das Abraham Lincoln angeblich zu ihr gesagt haben soll: »Sie sind also die kleine Frau, die das Buch geschrieben hat, das diesen großen Krieg auslöste.« Ob der Präsi-

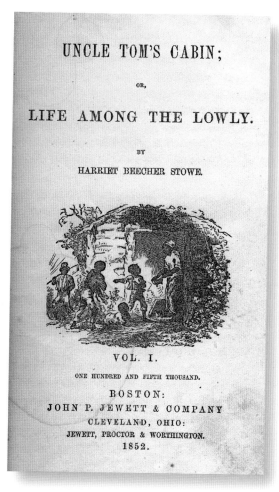

Onkel Toms Hütte-Buchcover von 1852.

dent diesen Satz gesagt hat oder nicht: Tatsache bleibt, dass Harriet Beecher-Stowe mit ihrem Buch die Welt verbessert hat.

Eine Daguerreotypie aus den 1850er Jahren zeigt die Autorin an einem Tisch mit einer bestickten Decke sitzend. Auf dem Tisch steht eine merkwürdige, etwas spärlich gewachsene Pflanze in einem Porzellanübertopf. Wir sehen aber keine Schreibutensilien, obwohl sie doch »ein besonderes Zimmer« für sich beanspruchte. Bereits auf diesem Foto erkennen wir ihre Sittsamkeit, ein Eindruck, der sich auf späteren Aufnahmen verstärkt. Harriet Beecher-Stowe hat einen milden Ausdruck im Gesicht, einen entrückten Blick, der in die Ferne gerichtet ist, die Hände sind im Schoß gefaltet. Begriffe wie Frömmigkeit und Gottesfürchtigkeit drängen sich auf. Und tatsächlich hat sie ihre Arbeit und ihr Leben immer danach befragt, ob es mit ihrer tiefen Religiosität vereinbar war.

»Ich brauchte nichts weiter als einen festen Tisch und eine Schreibmaschine.«

AGATHA CHRISTIE
15. September 1890 – 12. Januar 1976

THE LADY OF CRIME

Dies antwortete Agatha Christie auf die Frage von Reportern, wo sie denn an ihren vielen Romanen arbeite. Und diese Haltung spricht auch aus dem Foto, das sie beim Schreiben zeigt (Bild rechte Seite). Wie zufällig sitzt sie an dem kleinen Tisch, auf dem lediglich die Schreibmaschine, einige Bögen Papier und ein Notizblock mit einem Stift liegen. Mehr braucht sie nicht. Eine persönliche Umgebung sieht wahrlich anders aus.

Obwohl sie mehrere Häuser besaß, hatte sie lange Zeit keinen eigenen Arbeitsplatz. Sie schrieb am Küchen- oder am Esszimmertisch. Das Schreiben nahm bei ihr »die Stelle von, sagen wir mal, Kissensticken oder Porzellanmalerei ein«.

Das mag mit dem Pragmatismus zu tun haben, mit dem sie ihre schriftstellerische Arbeit betrachtete. Agatha Christie sah sich als Handwerkerin, die ihre Arbeit ablieferte und dafür bezahlt werde wollte, um das Gewächshaus abreißen zu lassen und eine Loggia zu bauen. Sie war das Gegenteil der

Schriftstellerin, die eine Mission hat oder vom göttlichen Funken getroffen ist. Sie überhöhte ihr Tun nicht. Sie hatte es auch nicht nötig.

»DIE BESTE GELEGENHEIT, EIN NEUES BUCH
ZU KONZIPIEREN, IST BEIM ABWASCH.«

Auch dieses Zitat ist geeignet, jeder hehren Vorstellung von der Schriftstellerei als Berufung den Garaus zu machen. Schreiben war für Agatha Christie Beruf, aber bestimmt keine Berufung. »Ein Segen des Autorendaseins ist, dass man seine Sache privat und innerhalb der selbst festgesetzten Zeit tun kann.«

Mehr als zwei Milliarden (nicht Millionen!) Bücher hat sie verkauft und allseits bekannte Typen wie Miss Marple oder den Meisterdetektiv Hercule

Poirot erschaffen. Wer schon nicht ihre Bücher gelesen hat, der ist bestimmt nicht an den Verfilmungen ihrer Romane vorbeigekommen.

Agatha Miller stammte aus einem wohlhabenden Haus. Sie kam als Nesthäkchen zur Welt und war viel auf sich allein gestellt. Bereits mit vier Jahren konnte sie lesen, was ihre Mutter entsetzte. Lesen galt nicht viel im Hause Miller. Nach einer anderen Quelle soll ihre Mutter sie zum Schreiben von Geschichten ermuntert haben, als sie als Kind krank im Bett lag und sich langweilte.

Während des Ersten Weltkriegs arbeitete sie in einem Lazarett, später in einer Apotheke und lernte dabei viel über Gift, die bevorzugte Mordwaffe in ihren Kriminalromanen. Sie fuhr mehrfach mit dem Orientexpress und verschaffte sich so Ortskenntnisse für einen ihrer berühmtesten Kriminalromane *Mord im Orientexpress*.

Mehr als siebzig Romane waren es schließlich, und am Ende wurde Agathe Christie geadelt. Alle Fotos von ihr spiegeln ihre Grundsolidität und Bodenhaftung, die sie trotz des unglaublichen Erfolgs nie verloren hat. Wir sehen eine ältere Dame, perfekt hergerichtet mit Perlenkette und passender Brosche, die Lippen rot geschminkt. Sie sieht englisch aus und wie aus einer anderen Zeit. Was nicht nur an der Schwarz-Weiß-Aufnahme liegt. Die Kleidung, der Blick, die Beschäftigung in der Küche oder vor dem Kamin: dies alles weist auf eine traditionelle, sehr solide Lebensweise hin. Und genauso leben auch ihre Protagonisten Miss Marple, rundlich und in Grau und fest in ihren Prinzipien, sowie Hercule Poirot, auch er ein wenig aus der Zeit gefallen in seiner Eleganz und der etwas überkandidelten Kleidung.

Agatha Christie in der Küche ihres Hauses in Berkshire, 1950.

AUSWAHLBIBLIOGRAPHIE

Verena Auffermann/Gundhild Kübler/Ursula März/Elke Schmitter: Leidenschaften. 99 Autorinnen der Weltliteratur, München 2009.

Louise Borg-Ehlers: Das Glück des Schreibens. Englische Schriftstellerinnen und ihre Lebensorte, Berlin 2009.

Colette: ... ab sofort Rue de Seine. Vom Glück und Unglück des Umziehens, Berlin 2001.

Marguerite Duras: Mythos und Wahrheit, München 1997.

Gisèle Freund: Photographien, München 1985.

Areti Georgiadu: »Das Leben zerfetzt sich mir in tausend Stücke.« Annemarie Schwarzenbach. Eine Biographie, Frankfurt am Main 1995.

Hans-Jürgen Heinrichs: Schreiben ist das bessere Leben. Gespräche mit Schriftstellern, München 2006.

Patricia Highsmith. Leben und Werk. Herausgegeben von Franz Cavigelli, Fritz Senn und Anna von Planta, Zürich 1996.

Michaela Karl: »Noch ein Martini, und ich lieg unterm Gastgeber«. Dorothy Parker. Eine Biografie. München 2012.

Herlinde Koelbl: Im Schreiben zu Haus. Wie Schriftsteller zu Werke gehen. Fotografien und Gespräche, München 1998.

Alexandra Lavizzari: Fast eine Liebe. Annemarie Schwarzenbach und Carson McCullers, Berlin 2008.

Erica Lennard und Francesca Premoli-Droulers: Dichter und ihre Häuser, München 1999.

Marie-Dominique Lelièvre: Sagan à toute allure, Paris 2008.

Elsemarie Maletzke: Jane Austen. Eine Biographie, München 2009.

Elsemarie Maletzke: Elizabeth Bowen. Eine Biographie, München 2008.

Verena Mayer und Roland Koberg: Elfriede Jelinek. Ein Porträt, Reinbek bei Hamburg 2006.

Ralf Nestmeyer: Französische Dichter und ihre Häuser, Frankfurt am Main 2005.

Sandra Petrignani: Wo Dichterinnen zu Hause sind, Besuche bei Tania Blixen, Virginia Woolf und vielen anderen, München 2006.

Sven Perrig: Am Schreibtisch großer Dichter und Denkerinnen. Eine Geschichte der literarischen Arbeitsorte, Zürich 2011.

George Plimpton (Hrsg.): Women Writers at Work. The Paris Review Interviews, New York 1998.

Josyane Savigneau: Marguerite Yourcenar. Die Erfindung des Lebens, Frankfurt am Main 1996.

Alexis Schwarzenbach: Auf der Schwelle des Fremden. Das Leben der Annemarie Schwarzenbach, München 2011.

Barbara Sichtermann: 50 Klassiker. Schriftstellerinnen, Hildesheim 2009.

Hans-Günter Semsek: Englische Dichter und ihre Häuser, Frankfurt am Main 2001.

Armin Strohmeyr: George Sand, Leipzig 2004.

Martin Wiebel (Hrsg.): Hannah Arendt. Ihr Denken veränderte die Welt. München 2013.

BILDNACHWEIS

123RF: 4. Agentur Focus: 102/103 (Herlinde Koelbl). Archiv für Kunst und Geschichte (AKG): 67, 104, 105, 173 (oben). Bridgeman Images: 2 (Felix Edouard Vallotton: Interieur mit einer jungen schreibenden Frau, 1905), 62, 174. Jim Cooper: 187 (oben). Corbis: 54, 72, 81, 91, 111, 113, 131, 149 (unten), 200. Deviantart: 76/77 (Winfrieda), 128/129 (lennyhirsch), 168/169 (messengerofsevenseas). Tobias Everke: 185. Getty Images: 98, 151 (unten), 186, 205. Jennifer Hutz: 187 (unten). Imagno: 31, 32, 39, 41. Magnum Photos: 90 (oben rechts). Privat: 11, 12, 13, 14. mauritius images/Alamy: Cover. Shutterstock: 5-7, 24/25, 46/47, 64/65, 106/107, 152/153, 188/189. Ullstein Bilderdienst: 35, 90 (unten links), 119 (unten), 133, 180 (oben). Westdeutscher Rundfunk: 8. Renaissance Books Archive: alle übrigen Bilder.

Trotz größter Sorgfalt konnten nicht alle Rechteinhaber der Abbildungen ermittelt werden. Der Verlag bittet, ihm Rechtsansprüche zur Kennnis zu geben, damit eine nachträgliche Lizenzhonorierung erfolgen kann.

ISBN 978-3-85179-194-5

© 2014 by Thiele Verlag in der
Thiele & Brandstätter Verlag GmbH, München und Wien
Bildredaktion: Johannes Thiele
Gesamtgestaltung und Satz: Christina Krutz, Biebesheim am Rhein
Umschlagbild: © mauritius images/Alamy
Druck und Bindung: Kösel, Altusried-Krugzell

www.thiele-verlag.com